U0946199

TouchPoints

Creating Powerful Leadership Connections in the Smallest of Moments

Douglas R. Conant
Mette Norgaard

“iHappy投资者”系列图书项目介绍

世界图书出版广东有限公司
深圳市中资海派文化传播有限公司

合力打造《世界经管学术经典文库》正式面市

《世界经管学术经典文库》从“iHappy 投资者”系列图书拉开大幕。

深圳市中资海派文化传播有限公司与约翰·威立国际出版公司（John Wiley & Sons, Inc.）旗下的 Little Book 系列展开了独家战略合作。约翰·威立出版社不仅是全球历史最悠久、最知名的学术出版商之一，更是世界第一大独立的协会出版商和第三大学术期刊出版商。

而“Little Book”经典投资系列品牌图书作为“iHappy 投资者”主打书目，不仅涵盖了“理论结合实践”的投资策略，更结合欧美投资大师的经典投资理论，突出了未来投资趋势等主题，系列书中的每本书都从不同角度解读了投资获利的奥秘，为读者及广大投资者的投资理财指引明灯。其作者大都为金融投资界享誉盛名的大师级人物，包括“成长股价值投资之父” 菲利普·费雪、“指数基金之父”约翰·博格、“华尔街最知名的股票预测者之一”肯·费雪等。

该系列丛书特色鲜明，引领投资潮流，在囊括众多投资经典的同时，也包含很多全球投资新秀的最新投资理念，对国内的投资人和投资机构极具借鉴和指导意义。

中资海派已引进和已出版的该系列图书有：

先锋集团（Vanguard Group）创始人约翰·博格（John Bogle）所著的《投资稳赚》（*The Little Book of Common Sense Investing*）；

美国晨星公司的证券研究部主管帕特·多尔西（Pat Dorsey）所著的《巴菲特的护城河》（*The Little Book That Builds Wealth*）；

价值投资之父本杰明·格雷厄姆真传弟子克里斯托弗·布朗（Christopher Browne）所著的《价值投资》（*The Little Book of Value Investing*）；

自 1980 年以来一直从事金融分析和投资通讯编辑的路易斯·纳维里尔（Louis Navellier）的畅销书《怎样选择成长股》（*The Little Book That Makes You Rich*）等。

中资海派已引进和即将出版的该系列图书有：

The Little Book of Value Investing by Christopher Browne

The Little Book of Common Sense Investing by John C. Bogle

The Little Book That Makes You Rich by Louis Navellier

The Little Book That Builds Wealth by Pat Dorsey

The Little Book That Saves Your Assets by David M. Darst

The Little Book of Main Street Money by Jonathan Clements

The Little Book of Safe Money by Jason Zweig

The Little Book of Behavioral Investing by James Montier

The Little Book of Big Dividends by Charles B. Carlson

The Little Book of Bulletproof Investing by Ben Stein and Phil DeMuth

The Little Book of Commodity Investing by John R. Stephenson

The Little Book of Currency Trading by Kathy Lien

The Little Book of Stock Market Profits by Mitch Zacks

The Little Book of Big Profits from Small Stocks by Hilary Kramer

The Little Book of Trading by Michael W. Covel

The Little Book of Alternative Investments by Ben Stein and Phil DeMuth

The Little Book of Emerging Markets by Mark Mobius

The Little Book of Hedge Funds by Anthony Scaramucci

The Little Book of the Shrinking Dollar by Addison Wiggin

The Little Book of Bull's Eye Investing by John Mauldin

The Little Book of Market Myths by Ken Fisher and Lara Hoffmans

The Little Book That Still Beats the Market by Joel Greenblatt

The Little Book of Bull Moves by Peter D. Schiff

The Little Book of Economics by Greg Ip

The Little Book of Sideways Markets by Vitaliy N. Katsenelson

The Little Book of Valuation by Aswath Damodaran

为了适应市场发展要求，中资海派成立了“iHappy 投资者”系列图书编审委员会，诚邀国内相关领域的权威、专业人士，拨冗推荐该系列图书，并在编辑加工图书的过程中提出宝贵意见。

第一批加入“iHappy 投资者”系列图书编审委员会的成员有：

触　点

短暂互动中潜藏的领导艺术

〔美〕道格拉斯·柯南特（Douglas R. Conant）
梅特·诺加德（Mette Norgaard） ◎著
王祖宁　王凌凌 ◎译

中国出版集团
世界图书出版公司
广州·北京·上海·西安

图书在版编目（CIP）数据

触点 /（美）柯南特 (Conant, D.)，（美）诺加德 (Norgaard, M.) 著；王祖宁，王凌凌译．—广州：世界图书出版广东有限公司，2013.4

书名原文：Touch Points:creating powerful leadership connections in the smallest of moments

ISBN 978-7-5100-5946-9

Ⅰ．①触… Ⅱ．①柯… ②诺… ③王… ④王… Ⅲ．①企业管理－人际关系学 Ⅳ．① F272.92

中国版本图书馆 CIP 数据核字（2013）第 075110 号

版权登记号 图字：19-2013-022

触 点

策　　划：中资海派
执行策划：黄　河　桂　林
责任编辑：张立琼
责任技编：刘上锦
特约编辑：林金芳　董莹雪　戴圆圆
版式设计：王　芳
封面设计：张　英
出版发行：世界图书出版广东有限公司
（广州市新港西路大江冲 25 号　邮政编码：510300）
电　　话：020-84451013
http：//www.gdst.com.cn　E-mail: pub @gdst.com.cn
印　　刷：深圳市新视线印务有限公司
经　　销：各地新华书店
开　　本：787mm × 1092mm　1/16
印　　张：13
字　　数：138 千
版　　次：2013 年 7 月第 1 版
印　　次：2013 年 7 月第 1 次印刷
书　　号：ISBN 978-7-5100-5946-9 / F·0101
定　　价：48.00 元

如发现印装质量问题影响阅读，请与承印厂联系退换。

在你与他人的无数次接触中，每一次都有可能将你带入人生的高潮或者低谷，每一次都有可能成为激励对方超常发挥、对种种事件主动施加影响的宝贵契机，每一次都有可能把那些平淡无奇的时刻转变为不同凡响的“人际触点”。

每一个看似平凡的人际触点，都能转化为创造杰出领袖魅力的最佳时刻！

领导者的领导 道格拉斯·柯南特

领导者的教师 梅特·诺加德

To the Chinese Leader –

May TouchPoints help you create ever-greater clarity and commitment around your top priorities. Enjoy!

Mette Norgaard

Doug Conant

致中国的企业领导者：

希望《触点》这本书能够助你拥有更强的洞察力，承担更多责任，以应对工作中的当务之急。享受这段旅程吧！

梅特 · 诺加德

道格拉斯 · 柯南特

哈佛商学院教授，《真北》（*True North*）作者

比尔 · 乔治

在《触点》中，金宝汤公司知名总裁道格拉斯 · 柯南特和梅特 · 诺加德为我们创造了一部杰出的领导艺术指南，告诉我们如何设身处地、态度坚定而又充满温情地引导每一次人际交往，从而不断激发员工的潜能。他们在这本力作中就领导艺术现身说法，会使你受益良多。

25 位最有影响力的美国人之一，畅销书《高效能人士的七个习惯》（*The 7 Habits of Highly Effective People*）作者

史蒂芬 · 柯维

精彩绝伦！柯南特和诺加德这本关于领导艺术的专著堪称杰作。本书的内容虽然睿智深刻，但却简单易行。它告诉我们，与他人每时每刻的交往其实正是我们倾听、学习、引导和感受整个企业与全体员工脉搏的最佳时机。书中出色的论述将会彻底改变我们对于领导工作的认识。

世界知名管理专家，畅销书《从优秀到卓越》（*Good to Great*）作者
吉姆·柯林斯

道格拉斯·柯南特无疑是一名出类拔萃的CEO，他专注、有决断力、脚踏实地地向目标前进。他的事例告诉我们，高效能的领导力意味着安静与粗犷、研究与决断、原则性与开拓性并存。他和梅特·诺加德将其领导心得传授给了世人，他们俩的合作非常成功。

美国最佳经理人教育者之一
畅销书《领导力》（*The Leadership Challenge*）合著者之一
詹姆斯·库泽斯

对于什么才是领导者真正的工作，《触点》的观点可谓见地非凡，因为只有认真对待每一天、每一刻、每一次人际交往，你才能成为一位杰出的领导者。柯南特和诺加德用自身的实践生动而深刻地告诉我们：那些最微不足道的行为往往能够产生至关重要的影响。《触点》中的做法切实可行，它教你如何利用自己的头脑、双手和心灵，充分激发员工的积极性。这是一本值得你再三品读和反复借鉴的好书。

畅销书《驱动力》（*Drive*）、《全新思维》（*A Whole New Mind*）作者
丹尼尔·平克

柯南特和诺加德揭示出了卓越领导力的秘密。“坚硬”的技巧的确很重要，但那些“柔软”的技巧如花心思设计谈话内容、关心身边的人、在危机中提出最佳问题等才是改进的关键。这本极富实操性和洞见性的著作，告诉我们如何通过改变行为方式实现最佳领导结果。

纽约泛欧交易所 CEO

邓肯·尼德奥尔

在当今这个行程满、节奏快的"打扰时代"，成为一名高效能领导者与成为一名充满温情的领导者之间没有任何冲突。其实，认识到每一天的"人际触点"都是你指导他人和提升企业文化的机会，正是你成功的先决条件。

美国经济评议会 CEO

乔恩·斯贝克特

人们很容易认为，时至今日，有关领导艺术的所有理论都已经被发掘完毕和解释清楚，但《触点》中的观点不仅简单明了，而且影响巨大：人际交往非常重要，如果能够善加利用这些机会，你就能成为一名更加出色的领导者。从下个星期一的早上开始，我就要将这些观点付诸实践。

美国国际开发署前署长

海瑞塔·霍尔斯曼·佛尔

这本书告诉我们，一定要设立高标准，然后通过强有力的人际交往方式激励自己的员工达到这一标准。这一切只需要从作者所说的一个看似简单的问题开始，即"我能帮上什么忙吗"。你将发现，在提出这个问题以后，你会获得更加广泛的信息、实用的答案以及丰厚的回报。希望我们能够拥有更多的人际触点，成为更善于把握人际触点的领导！

奥美国际集团（Ogilvy & Mather，全球最大国际整合传播集团之一）**董事长**
夏兰泽

把领导者的职责看作是对一系列人际触点的正确把握，这的确是一种引人入胜的观念。现在开始，请妥善处理并善加利用那些曾经让你不胜其烦的打扰，它们才是你工作的重中之重。

施乐公司（Xerox，全球最大数字与信息技术产品生产商）**前主席兼 CEO**
安妮·马尔卡希

《触点》这本书不仅文笔洗练，而且见地深刻。每一天我们都会面临各种各样的挑战，如何才能更加有效地进行领导？这就需要我们转变态度、改变方式来对待每一次机遇。读过本书，你会更加游刃有余。

孩之宝公司（Hasbro，美国著名玩具制造商）**执行委员会主席**
艾伦·哈森费尔德

领导艺术难以驾驭，但作者为我们制定了一个宏伟的计划。他们一步一步地向我们揭示了如何在面对日常领导工作种种困难的同时，始终保持明确的目标。

嘉吉公司（Cargill，全球知名大宗商品贸易、加工、运输和风险管理的跨国专业公司）**CEO**
格雷格·佩奇

《触点》讲得很好。它提醒我们，每一次看似微不足道的人际交往不仅是领导者的真正工作，更是提升领导力的宝贵契机。

耐克前总经理兼 CEO

比尔·佩瑞斯

本书内容相当全面，较之于那些如何提高工作效率的报告更能给人启迪。你每时每刻都要关心和帮助身边的人，因为他们关系到你事业的成败。这本书讲述了如何提高自己的领导效率，而领导效率是提升股价和拓展事业的关键所在。

耶鲁大学管理学院教授兼副院长

杰弗里·索南菲尔德

有些总裁经常抱怨，自己每天接触的员工十分有限，所以无法为所有手下的表现负责。但《触点》这本书告诉我们，身为领导者，你可以通过亲身参与大量企业活动激发下属的热情，从而消除领导大权在握与员工被动工作之间的隔阂。道格拉斯和梅特根据自己的第一手经验，就如何做到这一点为我们进行了生动形象、极具说服力的讲解。

秘密执行总裁顾问，《好斗》（*The Right Fight*）合著者之一

萨基-尼科尔·琼尼

高层领导非常不易，所以做好这项工作显得尤其重要。“各种各样的要求层出不穷，各种各样的变数扑朔迷离，我怎样才能不断增加自己的影响力？”这个问题让今天的每一位领导者都感到困惑，正如柯南特和诺加德所言，你所要做的就是在每一天、每一刻里，好好把握自己的人际触点。如果你想让自己的表现更加卓越，地位更加持久，你就必须弄懂这门学问。

维纳传媒创始人之一，《感恩经济学》（*The Thank You Economy*）作者
加里·维纳查克

我们即将进入商业和品牌人性化的时代，对此我深信不疑。在当今全新的经济形势下，道格拉斯和梅特为所有领导者提供了一条极为重要的信息。如果你有意创办公司或者已经是某家企业的领导者，不妨读一读这本书。

报业联合组织专栏作家，《新工作，新自我》（*New Job, New You*）作者
亚历山大·莱维特

在道格拉斯·柯南特的领导下，纳贝斯克和金宝汤公司从濒临破产到蒸蒸日上，因此他的名字在食品行业无人不知。在《触点》这本书里，他和诺加德一起告诉我们，作为一名领导者，要把日常工作中他人的打扰看做是影响、激发和塑造领导力的良机。无论你是新手还是老手，这都是一本不可错过的好书。

天联广告公司总裁兼 CEO
安德鲁·罗伯特森

在《触点》中，诺加德和柯南特抓住了领导艺术的实质内容。10 年前我就有幸目睹道格拉斯·柯南特按照自己的远见卓识筹划方略，金宝汤公司的崛起就是他这一理念的真实写照。我认为，这不仅是因为他天生就是一名领导者，更是因为他对领导工作始终具有清醒的认识。他深知如何将每时每刻以及每次人际交往都化作事业兴隆的契机。

耶鲁大学管理学院教授及前院长

杰弗里 ·E. 加藤

就领导艺术而言，一本好书既应该鼓舞人心，也应该切实可行。《触点》不仅二者兼备，而且读起来令人轻松愉悦。无论你所在的是什么样的组织，如果你想要自己在其中产生巨大的积极影响，那就买下这本书吧。

邓白氏公司（Dun & Bradstreet，国际上最著名、历史最悠久的企业资信调查类信用管理公司）**董事长兼 CEO**

萨拉 · 马修

在今天这样一个快节奏的时代，能够带来转变的机遇随时都有可能与我们擦肩而过。诺加德和柯南特为我们阐述了人际触点的重要性，以及如何将日常工作中的交往转化为提升自己领导水平和增加人际交往意义的重大机遇。

沃顿商学院教授

畅销书《完全领导力》（*Total Leadership*）**作者**

斯图 · 弗里德曼

《触点》真正捕捉到了领导学艺术和理论的精髓。它通过丰富翔实的案例告诉我们，日常生活中每一次平凡的人际交往都具有无可限量的价值，诺加德和柯南特向我们展示了，如何在这个过度饱和、打扰不断的世界中释放人际交往的巨大能量，从而让事情朝着良性的方向发展，这本书适合各行各业的所有领导者阅读。

国际大学生企业家联盟“赛扶”（SIFE）总裁兼 CEO

艾尔文·罗尔斯

《触点》向我们讲述了如何让领导艺术复归人性，以及如何将他人的打扰化作不断提升自己领导能力的宝贵契机。这本书不仅会让你成为一名更加优秀的领导，而且会让你成为一个更加出色的人。

盖洛普公司（Gallup，全球知名民意测验和商业调查 / 咨询公司）董事长兼 CEO

吉姆·克利夫顿

在改进同事关系方面，道格拉斯·柯南特的观点是最值得信赖的。他和梅特·诺加德的这本著作不仅会让你深受启迪，还会帮你获得个人的成功。

西北大学凯洛格管理学院院长

萨利·布朗特

一位高效的领导者总是懂得如何将科技和人才融合起来，从而提升整个组织的使命感和影响力。这本书就怎样掌握战略性的人际交往艺术为我们提供了极富洞见的参考。

赫尔曼·米勒公司（Herman Miller，知名办公用具生产商）CEO

布莱恩·沃克尔

道格拉斯和梅特的合作可谓天衣无缝。对于任何领导者来说，作者的亲身经验、真实故事和深刻见地都会成为一笔价值不菲的财富。

《我们是怎样学习的》（*How We Lead Matters*）作者，卡尔森公司董事长

玛丽莲·卡尔森·尼尔森

《触点》可谓一语中的。每一次交往、每一次选择，无论看似多么微不足道，都是你展示领导才能的机会。无论你身在董事会议室还是厨房，真正的领导工作是不分昼夜、不分工作日和节假日的。

吉列公司前董事长兼 CEO

詹姆斯·M. 吉尔茨

《触点》这本书体现了道格拉斯·柯南特对商业、领导艺术和人的精辟见解。他与梅特·诺加德一起，深入浅出地向我们展示了如何利用人际交往技巧达到自己的目标。

《CEO 教材》（*CEO Material*）作者

黛布拉·本顿

每天你大约会遇到 1 672 次人际触点。如果你能按照柯南特和诺加德在这本书中所讲述的方法，每天抓住其中 3 次奇妙的机遇，你的人生、家庭和事业就会产生令人鼓舞的积极转折。

全球领导战略学家

《打破“竹子天花板”》（*Breaking the Bamboo Ceiling*）作者

简·玄

柯南特和诺加德为你带来了一条好消息：在日常工作中存在着成千上万潜在的领导机遇，你能借此更好地发挥自己的才能。

博斯管理咨询公司卡曾巴赫中心高级合伙人
畅销书《团队的智慧》(*The Wisdom of Teams*)作者
乔恩·卡曾巴赫

柯南特和诺加德着重强调了日常工作中那些正式以及非正式人际交往的重要性，从而真正抓住了卓越领导艺术的精髓。有些领导过于注重效率而无法充分发挥自己的潜能，这种情况在我们身边时有发生。这本书告诉我们，要想取得成功，个人影响是至关重要的因素。

波士顿咨询集团资深合伙人及常务董事长
米歇尔·西尔维斯坦

柯南特和诺加德的讲解充满了诚意、激情和智慧。如果你是第一天从事管理工作，或者刚被任命为某家公司的总裁，那么《触点》这本书再适合不过。它会告诉你，每一次人际交往都充满了魔力，并指引你创造动机、进行引导、集聚智慧，从而最终获得成功。

克罗格零售公司董事长兼 CEO
戴夫·迪伦

道格拉斯和梅特帮助我们从纷繁忙碌的日常工作中重新发现作为领导者曾经错失的良机。他们教我们分辨这些看似平凡的机会，并且利用它们激发员工更大的热情、巩固企业价值观以及取得战略性进步。对于所有的企业领导者来说，《触点》都不失为一部佳作。

美国石油基金公司总裁兼 CEO
斯隆·吉布森

柯南特和诺加德一语中的地指出，领导能力源于日常实践。只有时刻关注自己身边的那些人，你才能让每次人际交往都产生价值。《触点》通过生动的故事和良好的建议告诉我们，如何成为一名更加高效、更有价值的领导者。

畅销书《公众风潮》（*Groundswell*），
《开放式领导》（*Open Leadership*）作者
查伦·李

在今天这样一个高科技、快节奏的时代里，为什么有些领导能按照自己的计划不断向前推进，而另一些人虽然手忙脚乱却仍然一无所获？这本影响力巨大的新书告诉我们，我们所要做的一切就是更加明智地利用自己的“时间资源”。归根结底，如果你想产生持久的影响力，那就把握好自己的人际触点。

商业领导人、慈善家，《当幸福来敲门》（*The Pursuit of Happiness*）作者
克里斯·加德纳

无论何时何地，领导的职责都是确保组织持久发展。《触点》告诉我们，如何充分利用自己与他人的每一次交往，更加有效地履行自己的职责。这是一部影响深远的力作，一定能够让你从中获益匪浅。

食品制造商协会总经理兼 CEO
帕米拉·贝利

这是一部新颖大胆的著作。如果我们掌握了柯南特和诺加德在书中所讲述的那些策略和技巧，我们就能左右逢源，从而不断朝着自己的目标推进。我建议将《触点》作为当今提高领导效率的工作指南。

畅销书《跟总统学领导》

（*Leadership Lessons of the White House Fellows*）作者

查尔斯·P. 加西亚

道格拉斯和梅特认为，既然人是取得成功的关键要素，那么我们每天都要做的就是打动他人的心灵。《触点》是一本鼓舞人心、见地深刻、热情洋溢的杰作。它提醒我们，领导工作就是人际工作，即动员他人达成既定的目标。

美国前商务部部长，凯洛格公司前董事长兼 CEO

卡洛斯·古铁雷斯

《触点》通过生动的案例告诉我们，领导者是不分昼夜、不分工作日和休息日的。每一次人际交往都是你学习领导艺术的最佳时机。对于当今那些志向远大的领导者来说，这是一本不可多得的好书。它会让你对从前看似劳心费神的领导角色进行重新思考。

美国运通公司前董事长兼 CEO

哈维·戈卢布

管理者必须以身作则地进行领导，因为员工会观察他们的举止，以判断他们是否言行一致。柯南特和诺加德告诉我们，人际交往是你展示领导魅力最为有效的时刻。他们两人珠联璧合，所以这本书尤其值得一读。

领导艺术的新“触点”

“领导学之父”沃伦·本尼斯

在当今时代，我们很难遇见能完美诠释“领导”这一词语真正内涵的人，但道格拉斯·柯南特和梅特·诺加德在这部杰出著作中做出了卓有成效的尝试。他们独创性地提出了“人际触点”这一理论，并不断实践完善，把领导艺术提升到了一个全新的境界。的确，领导艺术充满魅力和挑战，但若有人为我们树立榜样并且给予启发和教导，它就会立刻变得灵活易懂，更为重要的是，会变得更加高效，也会有越来越多的人掌握这门艺术。可喜的是，我从《触点》中看到了希望。

道格拉斯·柯南特是“领导者的领导”，也是金宝汤公司的总裁。虽然金宝汤现在声名远播，但是此前它所遇到的挑战却是难以想象的，正是这一巨大的挑战成为了金宝汤辉煌的有力注脚。梅特·诺加德是“领导者的教师”，无论是在与道格拉斯还是其他咨询客户的合作中，她的表现都非常出色。她无愧于“领导者的教师”这一称号。

在两人合著的这本《触点》中，他们揭示了作为一位真正的领导者日复一日工作的真谛所在，以及如何设法通过平凡的人际交往不断取得进步的奥秘。

这一观念既简单又深刻。如果你勤于观察、头脑清醒，并且愿意询问他人"我能帮上什么忙吗"，你就会发现领导工作不是繁琐的事务，而是充满乐趣的艺术。更为重要的是，只要你付出努力，这样的机遇无处不在。这种观点虽然听起来简单，但是做起来却并不容易，因为你必须对人性、是非观念、承诺以及日复一日、年复一年的实际工作有着深刻的理解。

我之所以会对他们所提出的人际触点表示赞赏，是因为这一做法不仅简洁明了，而且行之有效！书中讲到，在事物的现状和未来之间存在着一定的空间，而这正是我们需要牢牢把握的时刻。如果我们能在从事领导工作的同时秉持这一理念，我们就等于抓住了领导艺术的精髓。

但问题的关键在于，我们怎样才能更加有效地达到上述目标。关于这一点，本书的作者会为我们进行专业的指点。当然，这也是本书最有价值之处。道格拉斯通过自己过去 10 年在金宝汤公司的经验现身说法，为我们展示了他如何利用人际触点，一步一步地树立深刻影响，并取得巨大成效的历程。他所讲述的故事的价值是无法估量的。梅特曾经与各种各样的领导者进行过合作，她也为我们展示了世界各地不同行业的不同人物是如何运用这一方法获得成功的。

关于领导艺术，人们一直在探讨、论述和学习，但是这本书却深深地触动了我。它提醒我们：**领导职责不只关系到个人，更关系**

到众人；领导工作中无法回避的干扰是机遇，而不是烦扰；领导艺术既无比柔软，又异常坚硬。

总而言之，这本书帮助我们认识到，为了取得真正的进步，我们应该如何不断开拓。可以说，这是一本值得认真阅读的好书，如何身体力行书中的理念，很可能是我们即将遇到的最为艰巨的挑战。但是，只要我们矢志不渝，就能在一次又一次的机会中不断提升自己的领导能力，从而掌握这门艺术。

记住，正如本书作者所说的那样，如果你不知道从何处开始，不妨问一声："我能帮上什么忙吗？"

业内人士的学生。对我来说，他和梅特为这本书所做的一切不仅能帮助他人“做得更好”，其有关人际触点的理念也将会极大地推动人们对于领导艺术的探讨。有鉴于此，我们都应该对他们表示感激。

目录

|第 2 章| 你就是实干家，让人们追随你的领导梦吧　67

领导岗位为你带来更高薪水、更多福利、更好声誉和更大权力的同时，压力和艰辛也接踵而至，你还会坚守吗?

将“早上 9 点以前和下午 4 点以后的时间”留给自己，仅这一个缓冲点就能将昔日倦容满面、怒气冲冲的总经理变得更开心、更冷静?

冰天雪地的冬天，你也会和团队成员外出散步，认真倾听他们的汇报并迅速予以帮助吗?

责任越大，变数越多，领导技巧就需越发纯熟。领导者总善于激发能量，指引方向，带领整个团队不断进步。

|第 3 章| 用脑：脑海中深藏着的领导箴言　89

联合利华的分厂领导，将一艘已驶出港口的货船召回，只为全力搜寻一个误装进木箱的苹果，他信奉的领导箴言是什么呢?

领导模式和框架不尽相同，你只能采取其中一种，还是可以在借鉴中自成一家?

领导模式是领导理念和价值的载体，你能否将其一目了然地呈现在一张图表上呢?

领导模式因人而异，你无需去探索一种放之四海而皆准的模式，只需找到最适合自己的，就能激励身边的人不断改善，让工作富有成效。

某知名唱片公司总裁10年前一直渴望成为众人关注的焦点，10年后他又渴望什么呢？

想在一次人际互动中完成多件事情，结果却往往适得其反，你是否忽略了某些更深层次的东西？

每天下班前，你是否会为自己留出一点时间反思一天之内发生的事情，并记录下来以作警醒呢？

领导艺术的重点不在个人，而在集体。能认识并充分发挥团队成员的潜力，与他们一起取得成功，才会让你更具成就感和荣誉感。

改变一家世界 500 强企业命运的秘密武器：人际触点

我们来看看 2001 年，当道格拉斯作为 CEO 在金宝汤走马上任时的境况：

公司股价大幅下挫，在标准普尔 500 指数中远远落后；

核心业务损失惨重，整个组织摇摇欲坠；

生产规模急剧压缩，管理系统几近瘫痪；

大失所望的消费者、怒不可遏的客户、心灰意冷的合伙人、漠不关心的供应商，令人不快的挑战总是接连不断；

员工敬业度比例不到 2∶1，即 3 个人中就有 1 个不敬业的员工。

以上种种，使金宝汤一度成为全球大型食品企业中表现最差的公司。

但道格拉斯的到来，让人们燃起了希望。在他出任金宝汤公司总裁之前，就已经因善于起死回生而在食品业界声名远扬。作为纳贝斯克食品公司的前任总经理，他曾经带领该企业从碌碌无为发展到连续5年销售额、净收益以及市场占有率稳步增长。他是怎么做到的呢？道格拉斯按照“对事态度坚定，对人充满温情”的原则对这家公司进行了重组。“曾经有人嘲笑说，我所采取的方法既有波莉安娜式的盲目乐观，又有堂吉诃德式的荒唐空想，”道格拉斯说，“但是我不会就此道歉。我带领的员工个个满腔热情、表现出色，我们的收入连续5年以两位数的百分比增长。如果说这就代表软弱，我宁愿每次都表现得软弱一些。”

他能否再次在金宝汤公司扭转乾坤？

这个问题的答案异常响亮：“能！”截至2009年，短短8年时间，该公司已经实现了如下的骄人业绩：

在标准普尔食品企业指数和标准普尔500指数上都表现不俗；

销售额和收益率都连年增长，核心业务也蒸蒸日上；

企业员工充满了干劲，员工敬业度达到了12：1的黄金比例；

整个公司人才济济且呈多元化态势，金宝汤公司一跃成为美国最具社会责任感的十大企业之一。

他们采取了积极的人际交往措施，在行之有效的战略框架内，让企业员工切切实实感觉到自己受到了足够的重视；他们采取了刚性的质检措施，建立起一套世界一流的质量标准；他们采取了合理的教育措施，在公司内部培养领导人才，从而最终推动了金宝汤公司的进步。随后，当梅特和道格拉斯就本书内容进行磋商时，共同决定采用“人际触点”一词来形容道格拉斯、整个团队以及两万余名员工之间为了让金宝汤公司起死回生而进行的互动。

道格拉斯用人际触点理论在金宝汤公司所取得的一切，既是辉煌的成就，更是宝贵的经验。我们为什么不把人际触点作为自身领导力提升的起点，并让它最终变成自己成功非常重要的一部分呢？

本书的源起

领导艺术是一门艰难的艺术。作为领导者，你必须不断达到并且超越既定的目标。为了做到言出必行，你必须随时随地做出决定并且激发员工的热情。客户的问题、董事会的问题、销售商的问题、雇员的问题总是没完没了，你的时间仿佛从来都不够用。通信系统突然失灵，生产线出现故障，掌上电脑不听使唤，在最后一刻你还要为某人进行指点，你永远都在不停奔波，而且这种情况每天都在上演。生活节奏变得越来越快，随时随地都要承担责任，稍有疏忽说不定就会被人贴在 YouTube 上，转眼之间举世皆知。平均起来，就算在最幸运的时候你每天也只有 4 分钟没有人打扰。在这种情况下，你怎么可能完成自己的工作？

一天早上，当两位作者远远抛开这一切纷扰，在波科诺山区的斯盖托普乡间旅店漫步时，向彼此提出了这样一个问题。当天是金宝汤高管学院静修期的最后一天，这是一个为期两年、对公司内部少数潜在领导人才进行的培训项目。

两位作者数年前就相互认识了，当时道格拉斯还在纳贝斯克公司，而梅特正在犹他州为柯维领导艺术中心开展高层管理人员培训工作。当他们再次见面时，梅特就自己正在撰写的一部关于领导艺术的著作对道格拉斯进行了采访，接下来高管学院的这次合作便顺理成章了。

在波科诺山区的那天早上，其他成员都默不作声地坐在那里，一边对个人的领导观念进行反思，一边将自己的想法在日记上记录下来。道格拉斯和梅特知道，波科诺的宁静生活很快就要告一段落，即将回到"现实世界"中去。于是，梅特问道格拉斯："对于其他人永无休止的打扰，难道你就不觉得厌倦吗？"

沉思片刻以后，道格拉斯答道："对我来说，这些不是打扰，而是接触他人和改善局面的机会。"大多数人觉得需要将每天在工作中遭到的一次次打扰减少到最低限度，但是道格拉斯却认为，这些打扰才是他真正的工作，如何对待这些打扰，最终会决定他是否能够亲身参与并领导整个企业获得成功。英国作家罗伯特·格雷夫斯有一段诗句："斗牛评论家们在看台上排排端坐，巨大的斗牛场座无虚席；但真正了解情况的人只有一个，他就是场地中央的斗牛士。"道格拉斯，就是那个"斗牛士"。

回到团队中以后，两位作者开始讨论纳贝斯克和金宝汤公司的成功经验是否适用于其他公司。他们反问自己：

如果领导者不再把这些突发事件和频繁打扰看作恼人的蚊虫，而是把它们视作施加个人影响的最佳机会，其结果将会如何？

如果真正的领导才能正是源于领导者日常工作中成千上万次的人际交往，其结果又将如何？

身为领导者，如果你无法预知每一次事件会带来什么样的后果，你就必须做好充分准备。这一点要求你必须就领导能力的问题进行一番深刻的思索，这也正是梅特研究以及在金宝汤高管学院教授的主题。这次谈话结束以后，两人开始产生了创作这本书的念头。

在接下来的4年中，二人借鉴了作为“领导者的领导”和“领导者的教师”的经验，对计划之中或者突如其来的频繁打扰的实质进行了探索，以便认清作为一名领导者，怎样才能抓住问题核心，并对其发展方向产生影响。当这一观点初具雏形以后，他们决定采用“人际触点”一词来描述这一过程：每一名领导者都可以利用自己在日常工作中进行人际交往的机会，来“碰触”他人，从而发挥影响、引导、指明、激发、强调以及界定事件发展的作用。迄今为止，他们已经就人际触点的理念与来自世界各地的诸多领导人物进行了无数次的研究、探讨与试验，其结果是，这种方法的确卓有成效！

有关人际触点的领导理念并不是为了让你行动更迅速、工作时间更长或者在有限的时间做更多事情，而是为了让你能够随时亲临一线，并相信无论出现什么情况，你都能以一种有益于他人、自己以及整个组织的方式处理。人际触点并非意欲取代你在以往工作中曾经行之有效的领导模式，而是旨在为它们注入更多活力，使你在当今变幻莫测的市场环境下带领企业取得更卓越的成就。

为什么要读这本书

> 你也许是一位久经沙场的领导者，想要参考一些有益于自己工作的新观念；
>
> 你也许是一位初出茅庐的新手，想要寻求一些能让自己表现不俗的忠告；
>
> 你也许对某个领导岗位雄心勃勃，想要弄清怎样才能实现自己的目标……

无论你处在怎样的位置，你的目的何在，在当今这样一个“打扰时代”，这本书中的观点都会助你一臂之力，让你更加高效地开展自己的工作，在最平凡的时刻彰显最杰出的领袖魅力。

在第 1 章里，我们就什么是人际触点进行了详细阐述；第 2 章讲解的是掌握人际触点的前提；在接下来的 4 章里，你会读到许多极富启发性的信息以及观念，并且能够立即在接下来的领导工作中将其付诸实践，不断提升自己的领导能力。另外，为了向大家阐释人际触点的巨大力量，我们在每一章里都列举了一些领导人物的真实故事。

对于任何人，尤其是对于那些其决策和行动会产生广泛和重要影响的领导者来说，对自己的经验进行反思并且从中吸取教训显得尤为关键。因此，在本书中我们提出了一系列问题，以帮助你对照自身情况对这些观念进行反思。

我们希望你能够借助本书中的观念和方法不断提升自己的领导能力，从而掌握这门艺术。随着每一次人际交往的开展，你的领导技巧也会变得愈发纯熟。日复一日、年复一年，当这些人际交往的影响积累到一定程度以后，真正的变化就会应运而生。它们可以改变一个项目、一支团队，甚至是一家世界500强企业的命运。

那么，我们还等什么呢？

第1章

有一种新的领导艺术叫“触点”

THE POWER OF TOUCHPOINTS

每天被接二连三的敲门声、电话、短信、大小会议、电子邮件给打断，你还会抑制怒火笑脸相迎吗？

温文儒雅的新总裁面对公司痼疾也会大发雷霆，他是坚持原则赢得信赖还是打温情牌赢得喜爱呢？

微软副总裁是如何利用“走动式管理”，在20天内让团队信任度飙升，公司年收入突破70亿美元的？

人际触点如同整个组织中枢神经系统的一个个突触，传递并扩大每一个刺激。

快到下午 3 点半了，你还待在办公室里，想抓紧时间完成一个项目提案。这个提案不仅关系到整个部门的命运，还关系到你的个人前途。突然，一名团队成员敲了敲门，想就一个棘手的问题向你请教。此时此刻，你会作何反应？你是会因为自己受到了打扰而感到一丝不快，告诉他改日再来，还是会立刻停下手头所有的事情，帮助他解决这个问题？这要看你的选择。

“敲门”敲出人与人之间的互动

作为一名领导者，你每天都要不停地进行选择，而类似的“敲门事件”也会接二连三地不期而至，如电话、短信、大小会议、电子邮件，到处都是需要答复的问题和需要操心的事情，到处都是需要解决的困难和需要处理的纷争。其中既有细枝末节的小事，也有关乎全局的大事；既有提前安排的会晤，也有出人意料的事件。它们总是铺天盖地说来就来，因此，你不得不在尚未掌握全面情况时

Each time you push yourself in a TouchPoint,
you will emerge a little stronger and a little more capable,
with a little more confidence in your abilities as a leader.

就做出决断，而这些决断往往刻不容缓。随着工作量变得越来越大，你处理每个问题的时间却在不断缩减。有时候，人们好像觉得“信息时代”已经变成了“打扰时代”。

但是，如果你能退后一步，从一个全新的角度看待所有这些人际交往；如果你不再把它们当成是对自己工作的不断干扰，而是视作塑造领袖魅力的潜在机遇；如果它们就是让你在这个忙碌世界中运筹帷幄、指挥若定的答案，情况又会如何呢？

以我们自身的经验来看，你找到了领导工作的真正法门。在你与他人的无数次接触中，每一次都有可能将你带入人生的高潮或者低谷，每一次都有可能成为激励对方超常发挥、对种种事件主动施加影响的宝贵契机，每一次都有可能把那些平淡无奇的时刻转变为不同凡响的“人际触点”。

两个或两个以上的人，为了解决一个问题或者完成一项任务而聚在一起时，就会产生人际触点。比如，当你的同事无意间向你提到一份即将签署的合约时，这场谈话就变成了一次人际触点；当某个团队成员通过电子邮件告诉你他们的产品会推迟面市时，这封邮件就变成了一次人际触点；当下午开会时有人姗姗来迟，那么在主持人宣布“人齐了，可以开会了”之前，你与大家的闲聊就变成了一次人际触点。

事实上，每一天都是由一系列人际触点交织而成的。这些人际触点可能是你与一个人、两个人或者一群人之间的互动，它们少则一两分钟，多则几个小时甚至数天。这些人际触点既可能早有安排，也可能突如其来；既可能出自无意，也可能经过演练；它们既可能发生在走廊上、车间里、会议室中，也可能通过电话、电子邮件或者即时通信等形式出现。

我们需要面对的有一些问题相对来说并不重要，而且往往简单明了；另一些却蕴含着错综复杂的挑战，其结果也会产生重大影响。

令人遗憾的是，多数领导者经常会把这些人际交往视作妨碍自己从事真正工作，即制定战略、拟定计划、确立次序的干扰因素。但是根据我们的个人经验，这些人际触点才是真正的工作。正是这些时刻让你的计划和原则变得有声有色，正是这些交往让你的想法用更加新颖、完善的方式付诸实践，前提是你要目标明确、满怀热忱地充分利用这些转瞬即逝的人际触点。

三个变量：问题、对方和领导者的交织

每一个人际触点虽然在表现形式上不尽相同，但都具备以下三个变量，即问题、对方和领导者。

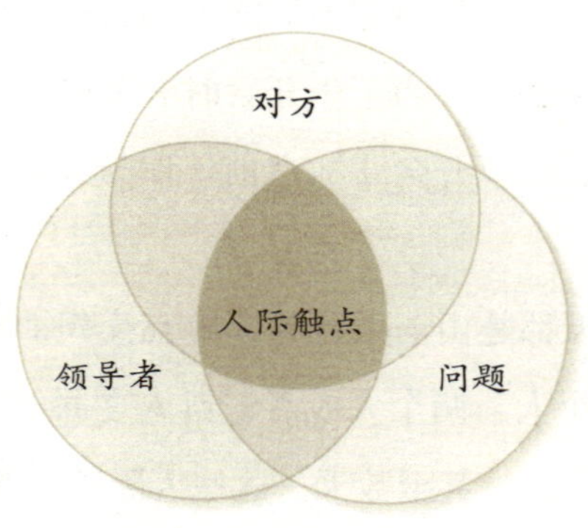

人际触点的三个变量

所谓问题，就是指那些可能影响到个人、团队、部门甚至整个组织运作的重大事项，譬如说某个麻烦、某种困难或者某项决策。这些问题往往来得让人猝不及防，因此在大多数情况下，你甚至不得不在没有掌握全面情况时就被迫迅速做出决断。

这些问题可能是处理客户投诉或者通过换岗训练员工，也可能是为了保证主要人物到场而重新安排会议时间；可能是在预算削减后仍然设法按原计划完成某个项目，也可能是由于团队核心成员突然辞职而临时安排工作交接；甚至可能只是为了建立某种人际关系。

实际上，许多领导者都会主动与尽可能多的人进行简单寒暄，其唯一目的就是为了与他人建立积极的联系，以便在必须做出困难的决定时，使人们觉得自己受到了应有的重视，并且相信领导者的决定必有一番深意。

所谓对方，是指在这个问题上利益相关的其他人。在这本书中，我们会集中探讨外在的利益相关方，比如每天需要向你进行直接或间接汇报的下属、你的同事以及与你存在直接或间接汇报关系的其他人。

现今的职场，跨领域以及国际化已经很普遍。因此，利益相关方往往有着多种多样的价值观念和处事原则。这就意味着，对于什么是遵守时间、保证质量、表示尊敬和忠于职守，他们可能会有不同的理解。你必须做到因人而异，因为有的举动也许会让一些人积极响应，而另一些人却极力排斥。

所谓领导者，就是指那个能为这一刻带来奇妙变化的人物。能否在人际触点中占据主导，与一个人的地位无关，关键在于一个人的行动。这个领导者必须要仔细倾听，帮助他人确定问题，认识到这一问题的紧急性，然后帮助他人树立自信心，以应对下一步的工作。

当你是一个房间里资格最老的人时，这个责任自然而然地就会落在你的肩上。但在许多情况下，你希望能把这种情况当做指引和帮助他人的契机。

为了在人际触点中占据主导地位，你应该具有双向的视野。认清什么是迫在眉睫的事情，然后设法确保他人为接下来的步骤做好准备。换句话说，你必须一边专注于眼下的当务之急，一边时刻留心下一步的情形。

在这三个变量中，“问题”这一点尤为关键。因此，在人际触点中，你所要做的第一件事情就是认真倾听，弄清眼下的当务之急究竟是“我的问题”“你的问题”还是“大家的问题”。如果问题由你负责，你就可以采取主动；如果问题由别人负责，你可以帮助他们做出最佳决定，并且为继续前行做好准备；如果问题是大家的，你就要与其他人共同分担责任。

对人际触点的力量，戴维深有体会。他是宝洁公司的工厂经理，手下有 500 ~ 1 000 名员工。戴维不仅每天都要在工厂里巡视一遍，而且还要确保一周之内自己在 4 个轮班里都待上一段时间。除了这些事情以外，他还会在巡视的过程中解决一些自己的问题。

案例分享

现场办公，1 分钟完成多件事

戴维说："我会定期在工厂里走一遍，然后在 1 个小时的时间里与 50 ~ 100 个人相互寒暄。我的口袋里总是装着一张纸，上面记录着 10 件或者 12 件需要处理的事情，比如就安全问题听取最新汇报，或者告诉员工我们刚刚获得了某个奖项。"

根据戴维的经验来看，作为一名工厂经理，最大的错误就是因为过于忙碌而不再进行这种活动。有些人认为，坐在办公桌前可以节省更多时间，然而事实却恰恰相反。

"在工厂里走一走，"戴维说，"1 分钟内你就可以完成许多事情。你可以一边听取最新情况，一边感受工厂的气氛。当你挑出一件不合格产品，或者提醒大家要注意听觉防护时，无形中就加强了对生产标准的要求。如果人们无暇旁顾，你不妨冲大家挥手致意。"

这种巡视活动不仅让戴维有机会处理自己的问题，而且还让其他人有时间提出他们的问题。也许有人会走上前去，告诉戴维某个员工的丈夫住院了；也许有人会拦住戴维说，自己对某件事情感到担忧。这样一来，他的巡视之旅就从解决自己的问题变成了帮助他人解决问题。

如果你能在自己的工厂里走一走，就会主动创造不计其数的人际触点。当你随时随地倾听他人的意见，并善于营造某种气氛时，你就能预见和防范很多问题。你虽然花了不少时间进行人际互动，但这些互动却为你减少了将来许多不必要的打扰。

对于多数领导者来说，当问题源于下属时，他们很难坐视不理，让下属自己负起责任。对于那些因善于解决问题而得到提拔的领导者来说，情况尤其如此。南希就遇到了这样一次挑战。

案例分享

以“不为”来帮助下属“有为”

南希之前是一个“国民账户”团队的领导者，人们不管有什么事情总是喜欢找她解决。每当客户提出问题时，她总是竭尽全力，她甚至可以越级上报，直到找到一个可以让她解决问题的负责人为止。

但问题在于，南希刚刚被任命为副总裁，现在她已经有了下属。她总是忘记：作为一名高层管理人员，不需要事必躬亲，而是应该帮助他人找到解决问题的办法。

为了抑制自己缺乏耐心的冲动，南希养成了创造人际触点的习惯。每当她的团队需要应对某个问题时，她会首先在会议室里转上一圈，倾听每一名团队成员的意见。直到最后，她才会提出自己的观点。

“一开始，要想做到这一点的确很难。因为我总是认为，如果自己什么都不做，就是一种不称职的表现。然而这种做法才是真正在履行自己的职责。没过多久我就发现，许多人都取得了很大的进步，他们开始去做自己从前没有做过的事情。现在，看到每个人的能力都有很大的提高，我非常激动。事实上，整个团队的表现都变得令人印象深刻。”

南希的心得是，只关注眼前的当务之急是不够的。作为领导者，你必须学会以一种能够提高个人以及团队工作能力的方式去解决问题，以便当这种情况再次发生时，他们能够更好地加以处理。

此外，还有一种情况，就是领导者和其他人需要共同为这个问题负责。公共关系资深副总裁杰瑞就遇到了这样的情况。

对于杰瑞来说，他现在需要尽快让新任主管金熟悉自己的业务。金的职责是在 10 年内带领大家将新泽西州卡姆登的儿童肥胖率和饥饿率都降低到 50%。

“一个星期五，我带领金和其他三名团队成员，在市区进行了一次长达 3 个小时的旅行，”杰瑞说，“我们先后来到日托中心、小学校园和幼儿园里，拜访我们的合作伙伴。那天早上，我们的计划进行得相当顺利。最重要的是，金认识到，我们正在开展的活动不仅是需要的，也是值得的。”

让新任主管尽快熟悉业务，这既是金自己的责任，也是杰瑞的责任。

通过这次旅行，杰瑞让金对整个城市的情况有了一个实质性的了解，并且为两人之间的关系创造了一个良好的开端，而金也很快融入了自己这份新的工作。

人际互动的无限可能和“乘数效应”

每一个人际触点都蕴含着无限的可能性。它们既有可能建立起某种关系，也可能打破某种关系。即使一次三言两语的人际交往也有可能改变人们对于自己、领导者以及未来的看法。对此，道格拉斯和梅特深有感触。

触点两极：激励还是摧毁

道格拉斯在研究生院就读时，有一位教授要求的标准特别高。一天，当道格拉斯交上自己胡乱写的作业时，这位教授把他叫过来，只说了一句：“道格拉斯，你可以做得更好。”

“这是他的原话，”道格拉斯回忆道，“‘你可以做得更好。’他说得当然没错，而且这句话他再也不需要说第二遍了。”现在，每当道格拉斯发现有人的工作达不到自己的要求时，他不是对这些人痛加呵斥，而是向他们发出挑战，告诉他们可以按照某种方式做得更好，就像那位教授对待他一样。这句“你可以做得更好”看似简单，却能够增加了人们的自信，并激励他们不断向前。

梅特则有过一次相反的经历，人际触点在她的身上产生了消极的影响。当她在一家中型跨国公司担任生产经理时，偶然发现某种新型产品达不到公司的质量标准，于是她向自

Your job as a leader is to take people from where they are today to where they need to be tomorrow, do so as quickly as possible, and do it in a way that is sustainable.

己的直接上司市场总监建议，立即停止生产，同时迅速查找问题的原因。

当这位总监把问题反映给副总裁时，却得到了不容置疑的回答："现在已经是第四季度了。你必须确保生产线继续运转，不要让我们完不成生产任务。"这次会面结束以后，梅特的上司把她叫到了办公室，并且告诉梅特，她的任务就是不惜一切代价确保生产线的继续运转。当梅特对这种做法表示反对时，他厉声喝道："你要是干不了，我就找个能干的人来。"

梅特的上司达到了自己的愿望，但是却失去了梅特对他的尊重。更为糟糕的是，梅特也失去了自己的尊严。她认为，市场总监的决定是错误的，要是自己当时能再坚持一点该多好。这次经历证明，当一名领导者选择了逆来顺受而不是坚持原则时，不仅会毁掉一个人的自信，而且还会打破与下属之间的关系。

你是否曾经有过类似的经历？如果有过，你一定已经懂得，这些时刻会产生无数种可能，而人际触点也存在着潜在的巨大力量。**积极的人际触点可以增加你的自信和工作热情，而消极的人际触点则会有损于你对他人以及自己的感受。**

人际触点既可以激励人们尽情发挥自己的才能，也可以让人们在瞬间丧失工作的热情。正如金钱一样，人际触点本身没有好坏可言，关键在于你如何使用它们。它们是一笔巨大的资源，你既可以善加利用，也可以任其荒废。

就像道格拉斯的那位教授一样，人人都有说对话的时候；就像梅特的上司一样，人人也都有说错话的时候。

这就是真实的人生，为了提高前者的比例和降低后者的比例，你始终在不懈努力。在此，你不妨回顾一下前几周所有人际触点中，你说对了多少，又做错了多少？接下来你希望怎么做呢？

要记住，改变这两者的比例并不是为了让自己变得和蔼可亲，而是为了更加高效，以便预防事故的发生和防止有人掉队，从而让人们更加投入，并且不断取得进步。因此，这种做法不是委曲求全的表现，而是坚持原则的表现。

无论你是经理、导师还是家长，你都会希望在你与他人的交往过程中，对方能够自愿去做正确的事情。你希望在给予他们指引的同时，帮助他们做出最佳的决定，即使当时你并不在场。对于一位高层管理者来说，这一点尤为重要，因为当下属需要做出决定时，有 99.9% 的情况你都不在旁边。

人际触点的领导艺术可以进一步放大社会网络的影响，我们将这一现象称之为“乘数效应”。

你所交往的每一个人都位于人际关系网络的某个地方。在人际触点中，你的一言一行会立刻扩散到对方社交网络中的 5 ~ 6 个人那里，而这些人又继续将其传递给自己的同事，这种传递会不断持续下去。因此，当你想要强调某件事情的重要性时，它会在人们之间相互扩散；当你想要激发员工的自信心时，人们同样会互相传递；而当你搞砸某事时，也会无人不知。

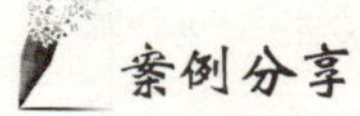

案例分享

善用触点传递积极讯息

乔治是某公司研究和发展部的部长，他还记得自己最近遇到的一次人际触点产生了巨大的扩散效应。

“有一次开会时，高层管理人员之间争论得非常激烈，最后论题变得越来越具体，越来越狭隘”，在仔细倾听了一段时间以后，他意识到他们所讨论的问题过于局限。虽然他并不是会议室里资格最老的人员，但是他忍不住发表了自己的见解。“我从一个更开阔的角度谈论了自己的观点，因为在这些方面，研发部门有权做出某些决定。虽然对我的观点表示赞同的人寥寥无几，但我还是非常热切地呼吁大家支持。”

当天晚些时候，乔治偶然遇见法律部的一个同事。当他听到这位同事谈起自己在会议上发表的观点时，感到非常惊讶。她怎么会知道这件事呢？后来乔治才知道，研发部的团队成员对他所表达的坚定立场感到非常振奋，并且为他敢于代表整个部门仗义执言感到骄傲，他在会议上的那番话很快不胫而走。

“作为一名领导者，”乔治说，“无论你做了些什么，其他人都会表示关注。我在会议上提出的问题对整个团队来说至关重要。当我得知他们的感受以后，我不由得反问自己，‘如果当时我缄口不言，其结果又会如何呢？’”

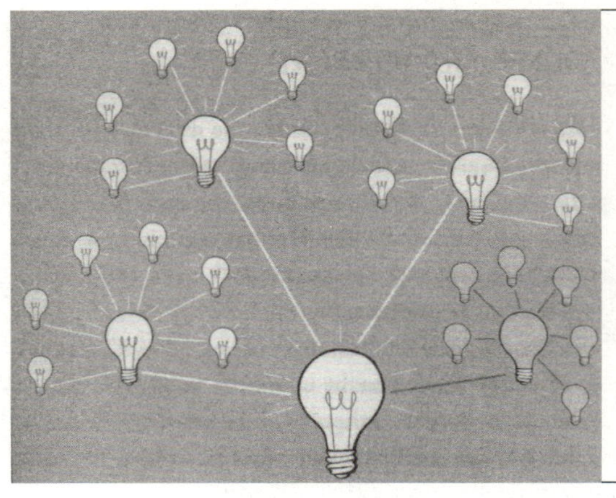

人际触点的领导艺术可以进一步放大社会网络的影响，我们将这一现象称为“乘数效应”。

乘数效应

一个组织就像一个生态系统，其中的人们是相互关联的。事实上，你完全可以把人际触点视作整个组织中枢神经系统的一个个突触。这些突触看似不起眼，但却可以将每一个刺激从一个神经元传递到另一个神经元。积极的刺激可引发变革，消极的刺激则会产生阻碍。也就是说，如果你想要自己网络系统中的人们产生变化，你就必须坚持不懈、始终如一地向他们传递积极的讯息。**当你真正懂得人际触点的乘数效应以后，你就会把每一次谈话看作对人们进行现实评估、激发人们创造无限可能和刺激人们做出改变的契机。**

启动“坚定”和“温情”两大按钮

人际触点具有强大的潜力，但要想让这种力量爆发出来，你必须找到启动的关键按钮：坚定和温情。

无论你是一家诊所的主管还是一所小学的校长，或者是一个从事商务软件开发的企业家，要想让他人听命于你，你就必须做到态度坚定。因为每天都会有麻烦的局面出现，经常会有人表现欠佳，许多棘手的问题需要处理等。从这个意义上说，职场非常符合达尔文法则：适者生存。你要么不断适应，并占据上风；要么碌碌无为，坐以待毙。在现实世界中，没有介于两者之间的余地。

但是，所谓态度坚定，并不等于蛮不讲理。你可以做到对事态度坚定，对人充满温情。实际上，道格拉斯在金宝汤公司扭转乾坤的时候就已经发现，如果你想取得持久的成功，你就必须构筑起牢固的人际网络，并且帮助周围的人们不断进步。

当道格拉斯在金宝汤走马上任之际，他发现公司的环境可以用“一片凄凉”来形容。高高的栅栏东倒西歪，办公楼的四周围着带刺的铁丝网，地毯破旧不堪，墙壁斑驳陆离，人们也掩饰不住一脸的倦容。在过去的10年里，金宝汤股价持续大跌，生产规模急剧压缩，公司眼看就要跌入谷底。面对这种现实情况，道格拉斯认为，要想让公司在市场上打一个翻身仗，首先要在公司里打一个翻身仗。也就是说，金宝汤公司的当务之急是挽回两万余员工的人心。

在道格拉斯上任的第一天，公司召开全体会议，向大家介绍新任总裁。在这次会议上，他对所有员工做出了承诺，而这一承诺后来被人们称为“金宝汤承诺”而广为流传。

道格拉斯强调，身为公司领导者，必须首先关心员工的前途，然后才能期望员工关心整个公司的未来。为了证明自己说到做到，道格拉斯想方设法证明自己重视每一位员工，他逢人便问：“我们怎样才能做得更好？”“我能帮上什么忙吗？”

一天，全球供应系统的负责人帕特回答：“这个地方看起来就像是一座戒备森严的监狱。我们为什么不拆掉那些生锈的栅栏和带刺的铁丝网呢？”道格拉斯的回答是：“好的，我们现在就拆！”

为了继续跟进，同时以示对帕特的支持，道格拉斯每隔一段时间就会走进他的办公室问他：“在你看来，我们应该采取哪些安全措施呢？”“新建栅栏你选好承包商了吗？”“我们把路边石重新粉刷一遍好吗？”“我们新建一些景观怎么样？”这些平凡的互动时刻正是领导艺术秘诀所在，即在人际触点中产生想法，然后将其付诸实践。

在接下来的几个月里，有不少迹象都可以显示人们开始关注金宝汤：安全措施加强了，栅栏美观整齐，路边石被漆成了浅黄色。接下来，维修部门对大楼内部进行了检查，他们重新粉刷了大厅，铺上了崭新的地毯，悬挂了不少新画。随着时间的推移，人们所关注的对象不再仅限于公司的外部环境，而转向实质性的内部问题：是否可以开展联合经营？是否可以尝试实施弹性工作制度？没过多久，这种扩散效应就在整个公司传播开来，每一个人的心中都产生了无限的可能性：是否可以生产有益健康的汤料，是否可以改换方便包装，是否可以扩大品牌宣传等。

“金宝汤承诺”的力量让人难以抗拒，这不仅是因为它情真意切、恰如其分，更是因为它是以一种人们明白的语言表达出来的。领导者真心诚意地传达了自己对员工的尊重，因此人们才会挺身而出，为捍卫公司的利益而战。金宝汤公司不仅做出了承诺，而且也信守了自己的诺言。

在设法赢得他人信赖的同时，道格拉斯也建立了严格的、可量化的领导标准。接着，金宝汤公司决定采取盖洛普指数对员工的敬业度进行衡量。举例来说，敬业程度的黄金比例为 12∶1，即每一位领导者手下每 13 个人中，有 12 名是对工作充满热情的员工，仅有 1 个三心二意的雇员（盖洛普员工敬业度数据库是经过 30 余年对 1 700 万名雇员进行深入的行为经济学研究得出。——译者注）。

2001 年，在经过盖洛普调查以后，道格拉斯拿到了最初的数据。他知道结果一定很糟，但是却没有想到，金宝汤公司的员工敬业度比例甚至还不到 2∶1，即 3 个人中就有一个不敬业的员工。随后，盖洛普敬业度调查负责人对道格拉斯说了这样一句话："对于一家世界 500 强企业来说，这是我生平见过的最糟糕的结果！"

为了提升员工的敬业度，道格拉斯要求公司的 350 位高层管理人员以身作则，因为他们的一言一行会影响整个公司的每一个部门和每一个角落。但是，在进行了长达两年之久的训练、引导和劝解以后，这一指标仍然没有产生太大变化。显然，很多领导只是勉勉强强地在开展工作，但是对于金宝汤公司来说，这种敬业程度肯定是不够的。

2003 年，道格拉斯召集各地领导参加会议，并且在会上向他们透露了最近一次员工敬业度调查的比例只有 4∶1。接着，道格拉斯看着会议室中的每一个人，语气平静但却掷地有声地说道："这种情况必须到此为止。"他告诉大家，他的期望不降反升。"我希望在公司前进的途中，你们当中的每一个人不仅要成为它的一部分，而且要把金宝汤打造成为世界上最杰出的食品企业。如果你不愿意接受这一点，你就不应该出现在这里。”会议室里鸦雀无声，人们个个目瞪口呆。时至今日，人们回忆起这次人际触点时，还有人会说：“那一天，道格拉斯终于大发雷霆。”“可以看出，他的态度非常坚决，我感到十分震撼。”“道格拉斯虽然很坚强，但是当时的情况谁也难以接受。”

截至当年底，道格拉斯上任还不足 3 年，但是在 350 位高管人员当中，主动辞职或者被辞退的就有近 300 人。无论是对于道格拉斯还是其他人来说，当时的局势都十分严峻，几乎每周都会遭遇一系列极为困难的事件。领导者不得不做出一次又一次艰难的决定，公司要裁员，机构要重组，员工要安抚。没有哪位领导能置身其外。

但是从积极的一面看，那些被辞退的高管已经被一批新人代替，他们能力超强，不仅懂得如何挖掘员工的潜能，而且非常关注自己的业绩。没过多久，公司就发生了翻天覆地的变化。2006 年，金宝汤的盖洛普员工敬业度比例为 6 : 1，2007 年为 9 : 1，2008 年达到了 12 : 1 的黄金比例。截至 2010 年，这一比例竟然升至 17 : 1！

在平衡木上行走：对事坚持原则，对人充满温情

对于一位领导者来说，仅有坚定的态度或者脉脉的温情，都不足以取得成功。每一天，我们都会遇到许许多多的人际触点，有时候你要关注的是事情的结果，有些时候你需要关注的则是自己与他人的关系；每一天，我们都会遇到许许多多这样的时刻，有时候你需要施加压力规定最后期限，而另一些时候你需要停下手中的一切

活动去仔细倾听。无论何时何地，你都要学会对事态度坚定，对人充满温情。

当然，有些领导者生性直率大胆，有些则谨言慎行；有些擅长处理事务，有些则擅长调动感情。对于你来说，你是哪一种类型呢？

有一类领导者喜欢把问题与员工的表现联系起来。他们会专注于目标，设定严格的标准，创造紧张的气氛，忠于职守，不达目的誓不罢休。如果你属于这一类型，那么你很可能喜欢把事情简单化。一旦出现不利局面，你会立刻从正面出击。也就是说，如果有人做错了事，你会马上直言相告；无论哪里产生了冲突，你会就地予以解决。你行动迅速、做事果断。

果真如此，你就需要当心了，因为任何事情总会物极必反。本来是你的团队成员应该把问题传给别人，但是他们却有可能紧抓不放，只要这个问题不会对他们的个人目标和酬劳产生影响，他们就会视若无睹。作为领导者，这时你的原则就可能从绝不容忍敷衍塞责转为绝不容忍任何闪失。要知道，前者是高标准的保证，而后者只会导致人们唯命是从。

对于那些偏爱强硬手段的领导者来说，但凡有人谈起要温情一些，他们就会变得很不耐烦。因为在他们看来，这种做法听起来过于多愁善感，好像所谓的温情就是大家团团围坐在篝火旁，欢声歌唱一般。但是这里所说的充满温情并不是指互相拥抱或者侵犯他人的隐私，而是指要把每一个员工当做人来看待，并且给予他们应有的尊重。

而对于另一类领导者来说，人才是第一位的。这类领导者喜欢设定方向，制定纲领，激发员工的聪明才智和工作热情，然后便置身其外。他们总是倾向于建立高度互信的合作关系，推行双赢的解决方案。如果你属于这一类领导者，那么你一定善于倾听和考虑他人的意见，善于发掘员工的潜力。你希望自己的团队成员能够相互照应，并且告诉他们，任何一个人的失败，就等于整个集体的失败。

可只有温情是不够的。譬如，每一个团队成员可能都会想方设法把问题传给别人，而不是努力完成目标。较之于进步，他们也许更看重共识，或者因为一些鸡毛蒜皮的事情而大动干戈。此外，你也许会忘记，对于一位领导者来说，受人信赖远比受人喜爱更重要。

在就上述两种领导方式进行反思以后，你更倾向于哪一种？当事态趋于紧张时，你又会作何反应？你可以从哪些方面进行改进呢？

如果这两者在你的身上有失平衡，那么解决办法不是弱化你擅长的一面，而是强化你不够擅长或者令你感到不自在的那一面。举例来说，如果你总是争强好胜、咄咄逼人，那么当有人身处困境时，你要做的就是对他表示同情。如果你总是以人为本，那么当有人违背原则时，你就必须出面干涉，有时候甚至还需要采取强硬手段。无论是上述哪一种情况，你的一举一动一定要真心诚意，只有这样你才能够得到自己想要的结果，并且不断提升个人影响力。如果两者兼备，你的工作就会变得尤为高效。

除了对领导方式进行反思以外，不妨再考虑一下你身边的那些人。什么是他们习以为常的处事风格？当人际触点出现时，如果你和你的同事采取了两种截然相反的态度，那么你们之间就很难进行积极的沟通。比如下面这个事例。

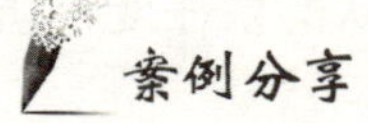

案例分享

你知道同事更看重什么吗？

丽莎是某公司的副总裁。她虽然领导着一支18人的革新团队，但在如何影响其中某些成员的问题上却颇感为难。丽莎尤其想和其中一名同事处理好关系，因为他的支持是这个新项目成败的关键。最后，她私下请这名同事与自己会面，并且做了一件自己从来都没有做过的事情。丽莎放下了戒备，向他谈起自己的价值观念，并且解释说自己为什么如此看重这项工作。接着，她又说："我希望我们之间能建立起一种稳固的工作关系。你能不能告诉我，你希望自己的同事是什么样的一个人呢？要怎样做才能赢得你的信任呢？"

原来丽莎的工作作风是不达目的誓不罢休，而她的同事却更看重人们之间的相互关系。在丽莎看来，出现问题就要迎难而上；而在她的同事看来，只有那些生性忠厚、乐于倾听他人意见的人才是值得信赖的。这次人际触点变成了他们之间工作关系的转折点。

如果你既能够做到态度坚决，又能够做到充满温情，那么你的领导水平就会更上一层楼。我们可以看看詹斯·莫伯格所取得的成果。

一个夏天的晚上，梅特接到了她从前的客户詹斯·莫伯格打来的一个电话。一年前，他出任微软公司副总裁，负责客户服务和销售，而他所带领的团队也表现优异。他对次年的工作感到十分激动：

“梅特，我突然有了一个想法，我希望能通过提升团队的信任度，让 2007 年的收入突破 70 亿美元。”

这句话虽然只有寥寥数语，但是一听就知道詹斯抓住了人际触点的关键，因为他不仅高度关注事情的结果，而且同样关注团队的人际关系。对于詹斯来说，突破 70 亿美元的秘诀就在于，走出办公室来，直接到分属的 14 个地区开展工作，并且设法在一年的时间里始终保持联系。在接下来的一年里，詹斯拿出大约 20 天的时间，帮助人们改变思维模式，完成了从“我”到“我们”的过渡，而这一投资也获得了丰厚的回报。截至当年年底，他所领导的团队信任度大幅飙升，英才济济，团结一心，他们的表现最终大大超出了公司的预期。

The leaders must show that they cared about the employees' agenda before they could expect the employees to care about the company's agenda.

第1章精彩回放

在微不足道的人际触点中给予他人帮助

在当今节奏飞快、关系复杂、背景各异的工作场所，很多事情难以掌控。幸运的是，有两件事情完全在你的掌握之中。其一，你可以选择积极面对、正确引导自己的下一次人际触点，并且持之以恒；其二，你可以选择充分发挥自己的领导才能，并且努力掌握这门艺术。（关于这一点，我们会在第2章里进行详细阐述。）

为了让自己尽快开始，你不妨将下一次不期而至的人际交往当做帮助他人的机会。也许你可以提出一个正确的问题，从而帮助某人理清自己的思路；也许你可以强调某个项目的重要性，从而帮助整个团队鼓足干劲。

试想一下，如果在接下来的一周里，你能给他人3次帮助，其结果将会如何？你又会作何感想？如果在第二周、第三周里，你始终坚持不懈，其结果又会如何？如果每周在20次人际触点中你做出了某些改变，那么一年之内就是1 000多次。这一举动看似微不足道，但是其作用却不容忽视，因为你不仅会感到你能够更好地掌握自己的时间，而且你的影响力也在日渐增强。

人际触点领导艺术的奇妙之处就在于，它既简单易行，又

永无止境。虽然每天把握好两三次人际触点易如反掌，但每天把握好十几次人际触点，并且日复一日、持之以恒就并非易事了。这就需我们穷其一生对这门艺术进行探索，直到挥洒自如、得心应手。我们的探索之旅就从下一章开始。

第2章

你就是实干家，让人们追随你的领导梦吧

THE COMMITMENT TO MASTERY

领导岗位为你带来更高薪水、更多福利、更好声誉和更大权力的同时，压力和艰辛也接踵而至，你还会坚守吗？

将“早上9点以前和下午4点以后的时间”留给自己，仅这一个缓冲点就能将昔日倦容满面、怒气冲冲的总经理变得更开心、更冷静？

冰天雪地的冬天，你也会和团队成员外出散步，认真倾听他们的汇报并迅速予以帮助吗？

事随心动。有人在雨中享受浪漫情趣，
也有人担心雨点打湿衣裳。

领导者就是实干家。他们构建事物、培养事物，并且推动其不断前进，以更好的方式、更大胆的行动和更火热的激情塑造未来。对于更美好的未来，大多数人仅仅止于梦想，而领导者不仅会把梦想坚定地实施下去，还会以自己的行动感染身边的人们。**一位杰出的领导者应当懂得如何激发能量和指引方向，从而提升团队的整体表现，而领导者的领导则需要懂得如何激励整个部门、整个系统乃至整个组织。**

你肩负的责任越大，事情的变数就越多，你的领导技巧也需要越发纯熟。你所在的职位越高，关注你的人也就越多，你越要做到言行一致。而且，随着你不断升迁，你周围的同事对于领导工作可能也会变得更有经验和更有想法。要想对他们产生影响，你的声音必须足够清晰，他们才可能听得到；你的语言必须有足够的说服力，他们才会注意到你。要让他们信服，你不仅要利用人际触点的力量，更要掌握人际触点的艺术。

在许多情况下，一些专业人士或者精明强干者之所以对领导岗

The leaders are doers. They build things,
grow things, and move things forward.

位心生向往，是因为这个岗位能为他们带来更高的薪水、更多的福利、更好的声誉和更大的权力。但上任后，很多人会突然发现，随着地位的提高，自己受到的监督以及肩负的责任和压力也在不断增加，这一点着实令人感到不快。

不妨想一下，一位篮球或者足球联赛教练的工作有多么艰巨，而他要考虑的参赛队员和候补队员加在一起也不超过100个。但对一位高层领导者来说，他一次要在“赛场”上指挥少则数百多则上千的“队员”。这些“队员”往往来自不同部门，甚至不同国家。即使某位领导者的所有下属都在同一地点工作，他们的身份和岗位也五花八门：既有工会成员，也有非工会成员；既有维修人员，也有卡车司机；既有工程师，也有营销人员等。其中的复杂性不言而喻。

要做一名成功的领导者，你必须要做好心理准备。坦白说，如果你不喜欢承受压力和艰辛，不喜欢付出努力和汗水，那么领导工作一定不适合你。人生苦短，你没有必要把时间浪费在自己不喜欢的工作上。更重要的是，人们需要的领导者是那些值得其追随的人。

有鉴于此，我们希望你能掌握人际触点的艺术。

小的人际投资，大的团队回报

随着你掌握人际触点的熟练程度增加，你就能更充分地利用日常生活中的每个时刻，并且赋予其更加深刻的意义。

你也许只是冲着某人伸出大拇指，或者拍了拍下属的肩膀；你也许只是耐心倾听，或者解释为什么发生了这样的事情。然而，正是这些看似微不足道的举动把普普通通的时刻转换成了意义非凡的人际触点。对于那些睿智的领导者来说，他们一定不会吝惜在这方面进行投资，因为他们深知，这笔投资决定了他们人际关系的健康程度，而这种人际关系释放出来的活力会化作整个部门的战斗力。他们得到的回报是一个齐心协力的团队，其中的每一个人都行动迅速、工作高效。

既然掌握人际触点有这么多优势，人们还有什么理由不愿意精通此道呢？从我们的自身经验来看，一般有以下三种原因，你也许会对其中某一种感到非常熟悉。

第一，你感到压力重重。事情接踵而至，让你感到左支右绌、应接不暇。你就像一个杂技演员一样，要让 20 个球在空中连续不停地运转，等你刚刚适应一点，又有人往你手中抛来 2 个球。你仿佛永远都疲于奔命。如果你把工作处理好了，给家人的时间又不够了；如果你多抽出一些时间陪家人，又担心会让团队失望。在这世界上，你最不想面对的就是像这样一个总是需要忙于应对的局面。

毋庸置疑，这种情况不会持续多久。人们也许会对你兢兢业业的工作态度表示赞许，但在他们看来，你显然不是担当更重大责任或者应对更艰巨挑战的合适人选。面对这种情况，你的最佳选择就是激流勇退，而且不要犹豫，否则，总有一天你会栽个大跟头。

第二，你感到舒适安逸。在这个岗位上，你也许已经工作了不少年。对于自己负责的事情，你早就驾轻就熟，并且因此受到了人们的尊重。你的上司也许始终对你不冷不热，你的职位也总是不大不小，而人们对你的期望不会过高，也不会过低。这听起来好像很

That extra act is what transforms ordinary interactions into extraordinary ones.

不错，但问题在于，当人们感到过于安逸时，就会丧失原有的活力，并且变得安于现状、不思进取。

我们来看看下面的数据：有关研究显示，家畜的脑容量要比同类野生动物的脑容量低 15% ～ 30%。因此，在残酷无情的全球竞争中，要想立于不败之地，你就要保留部分野性。你必须时刻保持警觉并不断提高自己的技能。当今各大机构从世界各地招募精英，这就意味着从业标准也在不断提高。只有不断提升自我，你才能免遭淘汰。

第三，你不熟悉自己的职责。初来乍到之际，你也许会觉得应该先从技术层面弄清自己的相关职责，所以还来不及研究领导艺术。然而，此时此刻正是你展示领导才华的大好时机，因为作为团队的领导者，你需要让每一名成员做好自己的工作。你必须借此机会迅速与他人建立联系，让大家都明白你是他们的领导者。你必须清楚无误地表达自己的观点，让每一个人都能听到相同的信息。你必须认真倾听，让每一个人都感到自己的意见受到了应有的重视。如果你既能努力培养你的专业素质，又能不断提高你运用人际触点进行领导的能力，那么你就能做到事半功倍、表现优异。

读到这里，你也许会说："你说得倒是不错，可我没有时间！"猜猜看，那些想要掌握这门艺术的大部分人同样没有时间，他们是怎样挤出时间的？其实很简单，你会对人生中其他重要的事情全力以赴：也许是做一位合格的家长或者称职的朋友，也许是拿到更高的学位，也许是参加马拉松比赛。同样，你也要把掌握触点艺术放在首位。

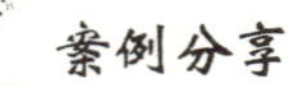

案例分享

给自己留出时间和空间，效率更高，心情更好

“当我弄清什么事情才是最重要的以后，我的工作状况发生了很大的改变。”某大型销售企业的总经理迈克说。迈克的日程总是排得满满的，每天要处理各种问题，面对很多人。由于压力很大，迈克有时会发脾气，这一点可谓尽人皆知。

“现在每天早上和晚上，我会把一部分时间留给自己，”他继续说道，“我的下属都知道，早上 9 点以前和下午 4 点以后不能打扰我。”迈克把这段时间用来思考、策划和设想，让自己能更好地解决未来的难题。他为自己留出一定的时间和空间以后，反而能更高效地处理与他人的关系。“其他时间段，我百分百对外开放。我可以在 1 个小时内，同时处理 6 个不同的问题。”

这一改变的结果皆大欢喜。“现在我控制不住自己情绪的次数已经减少了一半，而且每次发脾气时，情况也不像从前那样糟糕。几乎所有人都注意到了这一点。他们觉得我比以前开心多了，冷静多了。还有一个人甚至问我，最近是不是在练瑜伽。”就连迈克的妻子也说，现在每天回家以后，他看起来也不像过去那样，总是满面倦容、怒气冲冲的了。

如果你选择把掌握人际触点艺术当做重中之重，以下就是一个节约时间的小窍门。你不妨浏览一下你的日程安排，然后大致估算

As a leader, you must be prepared to parse through countless data points, detect the patterns, and frame what is going on in the TouchPoint.

一下，有多少会议是由你发起的。仍以迈克为例，他惊讶地发现，每天早上的会议几乎都是他提出的，而其他时间召开的会议也有一半以上是他主动发起的。

无论你得到的数字是多少，我们希望你可以把每周的会议时间缩减一半，或者把每次会议的长度缩短一半。这样你每天就会有一些时间进行思考，并且为将来无法预见的人际触点做好准备。与此同时，这也意味着，当人际触点出现时，你能够做到主动出击！你可以专注于眼前的问题，想方设法给予帮助，并且竭尽全力朝着既定目标不断前进。

此外，人们不愿意潜心掌握人际触点艺术的原因在于，这项任务看起来十分艰巨。实际上，即便是听到“掌握”一词，很多人也会出现畏难情绪。

我们都知道，“千里之行，始于足下”，因此在掌握人际触点这门艺术的途中，你不妨从最简单的一个问题开始，即：“哪件事我以后可以做得更好？”仅此而已！这句话看似微不足道，但它会让你每一天都比前一天多取得一些进步，每一周都比上一周多获得一些进展，日积月累，到了下一季度，你的表现就会比上一季度更引人注目。

脑心手三管齐下

如果你有志于掌握人际触点的艺术，那么你必须学会同时用脑、用心和用手。

用脑：你需要建立一个合乎逻辑的模式来指引你领导他人取得成就；

用心：你需要树立一个清晰的目标，并且通过诚恳真挚的方式与他人进行交往；

用手：你需要勤加练习，以便在下一次触点出现时做到驾轻就熟。

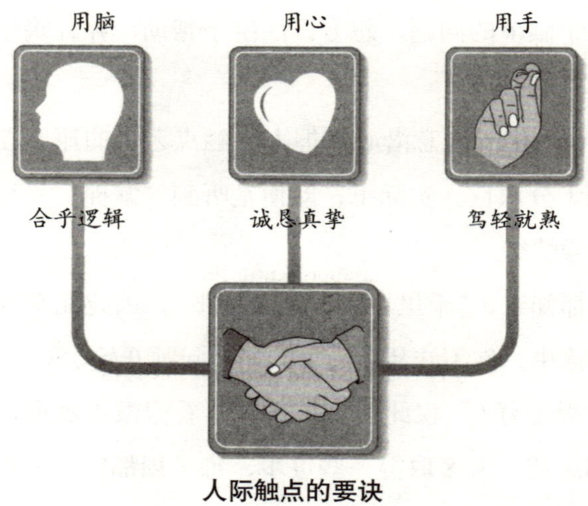

人际触点的要诀

然而，上述三点不是“正确”领导方式的要点，只是让你建立起一套系统的方式，从而不断完善你动员他人和组织他人的方法、提高你的领导声誉、增强把握人际触点的技能。

当上述三点结合在一起时，你就能在人际触点中做出清醒的判断。如果主动权掌握在你的手里，即使需要同时向空中抛起 20 个球，你也能得心应手。当压力重重时，你似乎轻而易举就能将其化解。

You need to have the heart for leadership,
you need to become incredibly clear about your intentions.

当人们犹豫不决时，你似乎不费吹灰之力就能在瞬间做出决定。而你之所以能做到这些，原因在于你能够抛开一切不必要的杂音，排除一切不相干的信息，及时认清当前形势中存在的问题。

首先，你需要具有清晰的领导方式。作为一个领导者，你必须随时准备分析不同的数据，甄别不同的模式，认清真正的人际触点源于何处。只有建立起一套适合你的领导模式，你才能一直迅速、机智地化解眼前的难题。

案例分享

加拿大皇家骑警队队长的领导模式

沃德·克拉彭是加拿大皇家骑警队的一名队长。他对自己的领导模式了如指掌，简单说来就是“未雨绸缪，及时挽救”。

无论他面对的是无法无天的青少年还是诡计多端的犯罪分子，是赫赫有名的社区领导还是性格迥异的众多骑警，他都按照这一原则指导自己的工作。

沃德从不坐等事情发生后再设法补救，而是想方设法防患于未然，并率先在自己的分遣队开展行动。比如很多地方警察局都设有“内部事务调查处”，一旦有警官犯错，他们就会出面干涉。为了做到未雨绸缪，沃德将这一部门更名为“内部事务预防处”，并且扩大了部门权限。他们不仅要展开调查，还要完善标准。由于提前预见许多问题的发生，经过努力，在一年之内人们对该部门警官的投诉率骤然降低了70%。

作为分遣队的领导者，沃德知道，自己的领导方式已经取得了辐射效应。队里所有的骑警不仅理解了他的领导方式，还把他的事迹在其他分队中传播。

在指挥团队或者部门时，如果你能认清自己的领导方式，结果会如何呢？你的影响力又会获得怎样的提升？

其次，你需要对自己的目的一清二楚，因为只有这样，你才能找准重心。譬如，一位高尔夫球手在击球时，如果能找准重心，他的身体就会绕着这一重心转动，从而充分发挥内在的力量，轻松而又准确地击中目标——入球得分！直到这时，他的身体才会停止运转。当人际触点产生时，如果你也想像一个高尔夫球手般挥洒自如、恰到好处，你必须弄清两个问题，即“你是谁”以及“你为什么选择当领导者”。我们就以艾琳为例进行说明。

英才俊杰，随“心”而来

艾琳是盈利额超过10亿美元的某企业总经理。在诸多对她产生深刻影响的人当中，令她感触最深的是她的母亲和外祖母，这两个女人塑造了她坚韧不拔的品质。

无论出现多糟糕的情况，一想到她们在第二次世界大战期间逃往上海的那一段饥寒交迫的日子，她就觉得所有的困难都算不了什么。

之前做部门主管时，有一段时间艾琳所在部门的业绩每

You need to become clearly competent so that you can engage with confidence and extend that confidence to others in every interaction.

况愈下，但这并不是她的责任。艾琳总是全身心地投入到自己的工作中去，并且希望身边的人们也能像自己一样。

她对这份工作充满了热情，所以每当看到有人抱着一种“我能从中得到什么好处”的心态时，她就会感到不胜其烦。在她看来，“如果你不能把整个部门的利益放在个人的安逸之上，并且改变自己的行为，那么这里的一切就与你无关”。

虽然艾琳也希望自己能有所得，但她为此奉献得更多，所以很快就从世界各地吸引了大批英才俊杰，并且很快升到了更高的职位上。正如她所说的那样，“如果我们在一起共事，我们就要建立起相互信任并且能同甘苦、共患难的人际关系”。

不妨想一想，你所在团队的人际关系是怎样的？如果每一名团队成员都能把集体目标置于个人利益之上，你将有怎样的收获呢？

最后，你必须勤于实践，才能在每一次人际触点中都胸有成竹并感染他人。只有学会各种应对技巧，你才能在无论遇到什么样的情况时，都能轻松自如地予以化解。你也许可以说上几句俏皮话来缓解一下紧张的气氛，或提出尖锐的问题向他人施加压力，或讲一个故事以鞭策大家产生干劲。无论你采取哪一种方式，一定要做到得心应手、驾轻就熟。

对于一位领导者来说，一个重要的技巧就是善于倾听。下面我们就来看看贝吉特身上发生的故事吧。

你必须勤于实践，从而在每一次
人际触点中都做到胸有成竹并感染他人。

案例分享

倾听改变行动

贝吉特是微软公司挪威分部的一位团队领导者。在一次全方位信息反馈会上，几名直接下属分部成员向她进行一对一的工作汇报时，他们发现每隔一会儿，贝吉特就会迅速瞄一眼手机上的新信息。对于上司的这种表现，他们感到十分不悦。

贝吉特意识到自己精力不够集中，让下属以为他们没有受到应有的重视，于是她立刻改变了自己的举止，而这一改变也让整体情况发生了巨大的改变。

从此以后，每当需要进行汇报时，贝吉特就会和团队成员一起，把掌上电脑统统放在室内，然后穿上靴子和外套外出散步（别忘了那里可是冰天雪地的挪威）。结果是，贝吉特不仅能专心致志地倾听他人的问题并且迅速予以帮助，而且当他们回到办公室时，大家都感到神清气爽、精力充沛、干劲十足。

如果有团队成员告诉你，改变一下你的行为会让你更好地进行领导，而你采纳了他们的建议，结果将会如何？如果你不断改善自己的领导方式，结果又会如何？你不仅能提高领导水平，还能获得他们的尊重，并且可以要求他们不断改善自己的表现。

你也许会认为，人际触点的确非常重要，但对于它是否值得我

们付出却表示怀疑，接下来我们就来看一看，如果没有把握好人际触点会造成哪些后果。

不让负面辐射效应降低你的可信度

当人际触点产生时，我们都有过头脑不清醒、缺乏真诚或者猝不及防的经历。无论是其中哪一种，都会让我们功亏一篑，从而无法掌握人际触点这门艺术。

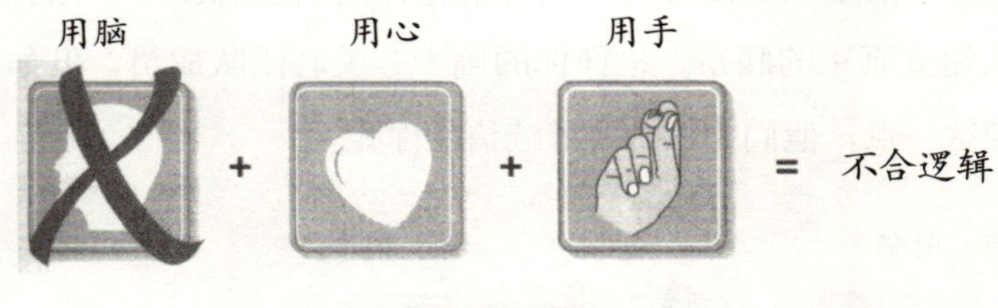

不合逻辑

如果你不具备清晰的领导方式，人们就难以理解你为什么会做出某种举动。为什么要把这个项目交给其他部门？为什么他们不能再看到那份报告？为什么要再次调整工作目标？人们希望这些行为的背后存在合乎逻辑的解释，但却看不到。

每个季度，人们都会听到你在高谈阔论，要开发和培养一支更强大的客户队伍，但到了季度末，你又开始大谈特谈要回归以往独立自主、自力更生的政策。

你希望人们会说，“他说得不错”“这个主意可真高明”，或者“我明白了，这真的很重要”。但是，当他们离开会议室后，却交头接耳地议论起来，“我真的不明白”“我们为什么要这样做”，或者“他把我给搞糊涂了”。接着，这些疑惑会很快传播开来，产生巨大的负面辐射效应。

为什么会出现这种情况呢？也许你的想法的确高明，但却没有在头脑中理清它们的先后次序。也许新的工作岗位过于复杂，你还没有完全弄懂自己的职责，或者还没有跟上瞬息万变的行情。也许你的思路十分清楚，所以认为其他人也能很快领悟，于是觉得没有必要进行过多解释。

当你不清楚或者没有让他人弄清楚你的真正意图时，你就很难与他人建立真正的联系。也许你的确十分关心团队成员，但如果感受不到这一点，他们为什么要继续信任你呢？

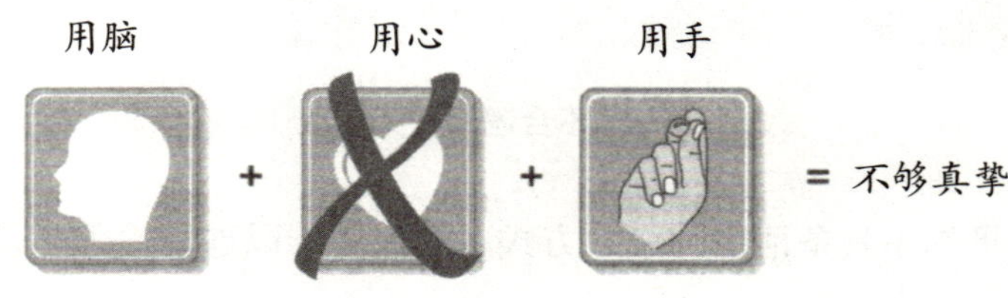

不够真挚

同样的道理，如果你没有开诚布公，人们就很难向你吐露他们在乎和关心的事情。这一点无可厚非，如果你不愿意迈出第一步来，他们又为什么要以身试险呢？如果你没有用你的热情促进双方的合作，结果不言而喻，人们不仅对你不温不火，对工作也常常三心二意。

你的团队成员不会告诉别的同事，“能与他在一起工作，我感到

No one expects you to be perfect,
but they do look for you to improve.

十分激动”，或者“我知道他一定会支持我”，而是会说，“我只是不想让他失望”，或者“我就是弄不明白他这个人”“他装作很想让大家开诚布公，可他自己却总是讳莫如深”，甚至“我都不记得上次他说谢谢是什么时候了”。

如果你不想从事领导工作，那就不要去做。如果你有志于此，但不知道该怎么做才好，那就找出阻碍你前进的原因。也许在你看来，你不应该向他人透露你的热情和目标，因为这是私事，会显得你很愚蠢。如果你只是团队中的一分子，这想法也许说得过去，但身为团队领导者，事情就会变得截然不同。

当你担任某个较高的职位时，你会获得相应的权力。你既可以对某人提拔重用，也可以将其降级，从某种程度上来说，他们的命运掌握在你的手中。因此，他们会时刻察言观色，留意你最看重的究竟是什么东西。

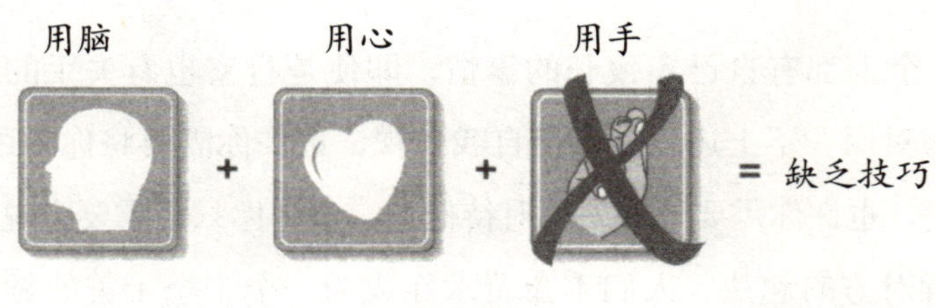

缺乏技巧

如果你缺乏相关技巧，人们就很难指望你能指挥若定，带领他们取得成功。他们甚至会觉得，自己的上司根本就不会有所作为。更何况，既然你都不看重自己的业务水平，他们为什么要这样做呢？

缺乏专业素质不仅会降低你的可信程度，而且会影响你领导的部门声誉。我们可以说，这种情况同样会从负面产生巨大的辐射效应。

人们不会这样评价你，“看到他总是雷厉风行，我十分佩服”“他总是一副胸有成竹的样子”，或者“他这个人真的很敬业”。相反，他们会对你议论纷纷，“我看他自己都泥菩萨过河——自身难保”，或者“他总是这样摇摆不定，也不知道听他的对还是不对”。

也许你自诩为所有人当中最有悟性的那个，所以你并不打算刻苦锻炼领导技巧，因为无论碰到什么样情况，你都能靠小聪明过关；也许你误以为努力工作就是加班加点，好像只要你比别人干得时间更长一些，你的工作能力自然就会变强。

然而，随着工作责任不断加重和复杂程度不断增加，小聪明已经不够应付，加班加点也不足以解决问题。显然，你需要做出一些改变。

每个人都有自己不擅长的事情，即使是行家也有失手的时候。你不妨对照一下上述三个要诀自我检视，也许你需要将你的逻辑解释清楚，也许你需要更诚恳地对待他人，也许你只是需要少说一些，多听听对方的想法。人们不会苛求你成为一个十全十美的领导者，但是他们确实希望看到你在不断改进自我。

这一点说起来容易做起来难。因为你需要勤加锻炼，直到你有所领悟，并不假思索地将其付诸行动；你必须不断实践，直到理清你的意图，并适时自然地表达出来。这就是某制造企业副总裁比尔在过去的一年中所做的事情。

The secret to making a strong commitment is to want something badly enough.

案例分享

“过去的比尔”VS“现在的比尔”

比尔解释说：“当我刚刚成为部门的领导时，我的态度就是：一定要开足马力，全速前进。如果不能名列前茅，那我们还在这里做什么？所以我总是急不可待，甚至不等别人把话说完，我就中途打断。”

很快，不少对比尔不利的反馈就纷至沓来。

“看着那些白纸黑字的意见，我知道自己必须做出改变了。”事实上，他只有一件事与过去不同。“我不再总是滔滔不绝。如果有人来找我，我会认真倾听。接着，等他们似乎说得差不多时，我会给他们补充的机会：‘还有别的要说明的吗？’你只要克制自己，耐心倾听就可以了，做到这一点并不困难。”

从那时起，比尔把倾听当做自己尊重他人意见的一种表示。

他所做出的改变产生戏剧性的效果，整个团队都对“过去的比尔”和“现在的比尔”津津乐道。每当触点产生时，人们经常会开玩笑地说起，如果是“过去的比尔”会说什么。

就像建筑工人会使用铅垂线检查自己的工作质量一样，你也可以通过人际触点的三个要诀，检查一下自己在掌握这门艺术方面还要做出哪些改进。

下图中的“检查清单”可谓一目了然，不妨看看自己在哪些方面得心应手，在哪些方面还欠火候。

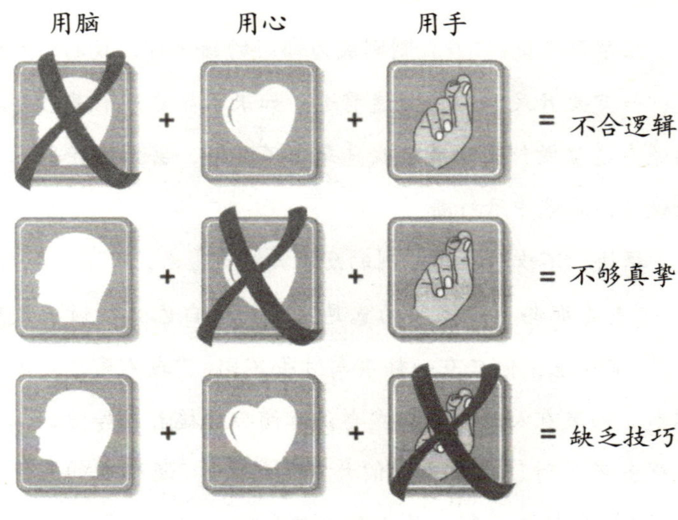

检查清单

玛丽是亚太地区某公司人力资源部副总经理，管理着 4 500 多名雇员。她发现，在提高领导水平方面，对照人际触点的三个要诀进行检查不失为一种行之有效的方法。

“从‘用脑’、‘用心’和‘用手’三个方面进行观察，既能迅速认清一个人的领导才能，又能很快找到一个人的工作缺陷。我一直都在采取这种方式。

大多数领导人才都有自己不擅长的领域，而这正是我需要提供帮助的地方。”

意志足够坚定，承诺就能如时兑现

做出承诺并不难，难的是信守承诺。

我们不妨设想这样一个场景。有人打电话过来，说有急事要找你商量。你同意了。但当你按约定时间来到见面地点后，对方却没有露面。于是你等了一会儿才独自离开。几个小时以后，这个人再次打电话过来，先对失约极力道歉，然后又一次恳请你前往会面。你最终还是答应了。但当你到达那里以后，他又爽约了。这样的事情如果再三发生，对于这样一个人，你会作何评价？毫无疑问，你肯定会想到“不正常”“不值得信赖”或者“不可靠”这些词语。

但是，等一下！你有没有曾经为自己立下约定，最后却没有出现的情况？你是否对自己说过，“从下个星期一早上起，我一定开始节食”“等这项工作结束以后，我一定会抽时间多陪陪家人”，或者“一旦在新的岗位安定下来，我就会挤出时间提高自己的领导水平”？问题是，约定的时间到了，你却始终没有“出现”。

之所以会发生这种事情，是因为在良好动机和实际行动之间，存在某个关键因素，即我们愿意信守这一承诺的程度。我们做出的承诺越艰巨，信守承诺也就越困难。

要想让自己信守承诺，秘诀在于具有强烈的主观愿望。你是否还记得，当你还是个孩子的时候，你曾经非常想得到某样东西？你是否还记得，当年为了达到某个目的，付出再大的代价你也在所不惜？刷洗盘子也好，修剪草坪也罢，不管是什么事情你都愿意做。你会甜言蜜语、不依不饶地缠着父母，直到他们愿意做出让步。如果我们现在谈的是你的领导能力，你是否还能像小时候那样充满斗志？也许你野心勃勃地想成为所在部门拔尖的人才，以便有机会提升到高职位；也许你刚刚经历了一次严重的打击，想尽快恢复元气；也许你梦想着带领自己的团队，完成一项看似不可能的任务；也许你最看重的是和家人在一起，而你最想做的事情就是提高工作效率，以便尽早回家与他们团聚。**只要你保持这种强烈的愿望，并积极付诸行动，你一定会实现诺言，而且你的领导力也会在不知不觉中提高。**

 The people who are the most committed to mastering their craft are often the most humble.

第2章精彩回放

对完美的追求源自责任的驱使

对于一般的领导者来说，只有当维持现状的代价超出了改变的代价时，他们才会做出改变。比如说，他报告上的评语是表现太差，或某件事情突然失控，或者新的工作让他感到力不从心等。

与此相反，对于那些想要施展影响的领导者来说，他们会对领导艺术孜孜以求。因为他们勤于实践，所以领导水平不断提高，从而更加坚定了他们志在必得的决心，于是他们更加刻苦地进行锻炼，使自己的领导艺术日臻完善。

数年前，在犹他州的圣丹斯一次为期一周的高管培训开始时，梅特问其中一名学员："你为什么会在这里？"这名学员把脑袋耷拉在左肩上说："因为我的大脑偏向这边！"他的意思是，他是属于左脑型的，擅长对事物进行分析。接着，他一把拽起自己的头发，让脑袋直立起来，然后说道："有人告诉我，如果我不能把我的脑袋正过来，就再也没有晋升的机会了。"直到那时，他才开始注意到自己的问题。他既不缺乏聪明才智，也不缺乏动手能力。尽管他完全能胜任自己现在的工作，但如果想更进一步的话，他就不能只在技术上游刃有余。

这些反馈意见虽然不太顺耳，然而对于一位领导者来说，它们反而是一件好事。因为，谦逊的品质是我们不断获得新知识和取得进步的最好基础。在英语中，“humility”（谦逊）一词来源于拉丁语“humus”，其本意正是“土壤”，这不能不说是一种巧合。

事实上，那些对领导艺术孜孜不倦的人往往也是品质最谦逊的人。这是因为，通过与他人进行比较，他们会发自内心地为自己有可能取得的成就而深受感动。

杰出的管理学思想大师彼得·德鲁克曾经在自己的一篇题为《我的知识分子生涯》（*My Life as a Knowledge Worker*）的文章里，向我们讲述这样一则故事。那时候，德鲁克还不满18岁，住在德国的汉堡。有次，他到剧院看威尔第的歌剧《福斯塔夫》。在得知该剧是威尔第在耄耋之年的创作以后，对于剧中体现的强大生命力以及威尔第对人生洋溢的热情，德鲁克感到无比诧异。当时那个年代，威尔第已经是举世闻名的作曲家，他为什么还要在80高龄时谱写如此高难度的歌剧呢？德鲁克从威尔第的一段原话中找到了答案：“我一辈子都在进行音乐创作，也一直在追求完美，但每一次它都稍纵即逝，所以我有责任再试一次。”

问题在于，你想成为哪一种类型的领导者？你是准备坐等时机成熟，还是打算走在时间的前面？无论你的理想是前者还是后者，你是否愿意下定决心，努力掌握人际触点的艺术？

第3章

用脑：脑海中深藏着的领导箴言

USE YOUR HEAD

联合利华的分厂领导，将一艘已驶出港口的货船召回，只为全力搜寻一个误装进木箱的苹果，他信奉的领导箴言是什么呢？

领导模式和框架不尽相同，你只能采取其中一种，还是可以在借鉴中自成一家？

领导模式是领导理念和价值的载体，你能否将其一目了然地呈现在一张图表上呢？

人啊，认识你自己！知人者智，而自知者方明。

23 岁时，罗杰受聘前往联合利华位于伦敦北部的一家包装厂，管理大约 100 余名工人。在他上任 3 个星期后，公司突然宣布，明年将要关闭这家工厂。

几个月后，一名女工来找罗杰。她说她刚刚意识到，在过去一个半小时里，她一不留神“把自己的苹果放进了包装里”。现在，罗杰面临着这样一道难题：有一个红色的苹果被误装进一个容量为 200 克的面霜瓶子里，接着包进一个纸盒，并且放到一个塑料盒子里，然后打包进木箱，最后装上一艘运货船，驶向出口市场。他该怎么办呢？

罗杰决定召回这艘货船。接下来两个小时，他和所有团队成员都在搜寻这个“该死的苹果”。当他们终于找到这个苹果后，整件事情显得格外愚蠢，于是所有人都忍不住笑了起来。在工厂关闭前的最后几个月，这个普普通通的苹果成了人们争相谈论的一段佳话。

罗杰为什么要召回这艘货船呢？他可以选择让这只红苹果静静

地躺在面霜瓶里。因为，在这批货物漂洋过海送到客户手中前，他们的工厂或许已经关门了。但是，按照罗杰对于领导工作的观点来看，维持人们对他的尊重才是最重要的事情。他认为，如果在这件看似微不足道的小事上不能坚守底线，那么他就会丧失员工的信任。更何况工厂很快就要关闭，这会让本来就十分艰巨的工作变得更困难。

就像罗杰一样，我们每一个人都有自己对于领导工作的看法。这些看法也许是道听途说的片言只语，也许是来自师长的谆谆教诲，也许是长期信守的人生箴言。你不妨开动脑筋，把这些看法转化为一套系统的观念，并以此作为你独具一格的领导模式。

作为一位领导者，建立自己的领导模式不仅会让你的工作卓有成效，而且还能帮你节省时间、减轻压力。因为在人际触点中，如果你的思维模式足够清晰，其他人就不会把时间浪费在揣度你下一步的行动上。恰恰相反，他们会预先了解你可能做出的决定，并且在向你进行咨询前据此执行。这样一来，你就会有更多的时间进行自主安排和积极思考。

为了在人际触点中进行有效领导，你需要根据自己的实际情况，建立起某种独具特色的领导模式，从而激励身边的人们不断改善自己的表现。由于所处的环境不尽相同，每一位领导者都有着自己不同的领导模式。

因此，本书的目的并不是让你按照我们的想法去指导自己的一言一行，而是鼓励你找到属于自己的答案。你不需要去探索一条放诸四海而皆准的真理，而只是需要找到一种最适合的领导模式。

作为一位领导者，
建立自己的领导模式不仅会让你的工作卓有成效，
而且还能帮助你节省时间、减轻压力。

独特的个人造就独特的领导模式

无论是理清问题还是寻找答案，我们都需要某种模式的指引，而要想建立起一种行之有效的模式，其秘诀在于对事物的本质具有深刻的认识。

举例来说，如果你想瘦身，要做的第一件事情就是为将要采取的行动设计某种模式。你可以选择以高蛋白、低脂肪类食物为主，同时减少日常饮食中碳水化合物的摄入量。你可以只摄取每天需要的热量，或者采取其他综合手段等。

虽然大部分瘦身模式对人类生理条件的理解都大同小异，认为只有使消耗的卡路里数量高于摄入的卡路里数量才能减轻体重，但是结果往往因人而异。有人能迅速变瘦，有人却需要相当长的时间；有人能取得长期的效果，有人却逐渐反弹；有人感到神清气爽，有人却感到精神倦怠。

因此，要想成功瘦身并且保持体形，你就需要根据自己的预期目标、生活方式、体形条件以及健康状况等，设计一种适合自己的独特模式。

同样的道理，对于领导模式来说，只有首先认清人类的本质和变化的本源，你才能够建立起正确的心理模式。

此外，人们进行领导的方式也不尽相同：你既可以乾纲独断，然后告诉人们怎样去做，也可以帮助他人做出选择，然后自发地采取行动；你既可以为团队注入良性竞争的意识，也可以在其中创造团结互助的氛围；你既可以对犯错误的人建立起相应的惩罚机制，

You don't need to discover and illuminate universal Truths, with a capital T. You just need to find an increasingly useful explanation for how your world works.

也可以对不畏风险者实施相应的奖励措施。每一种领导方式下面都蕴含着不同的个人逻辑，其最终结果也存在天渊之别。就像别人的减肥方法不一定适合你一样，其他人的领导模式也未必适用于你的独特处境。

如果你建立的领导模式内涵深刻，那么即使是在那些转瞬即逝的人际触点中，你也能提供莫大的帮助。这是因为你的领导模式能让你迅速理清事实的头绪，准确定位问题的本质，并且做出明智的判断。

如果你建立的领导模式足够稳健，你不仅能在所有的人际触点中始终做到言行一致，而且还能促使他人根据自身经验辨别你的思想逻辑。这样一来，他们就会对你做出的决定表示理解，而你也能轻而易举地对自己采取的行动做出解释。

既然你已经一步一步地走到了今天这个岗位，那么你很可能对许多领导模式和框架都耳熟能详，或者希望自己能从最近的商业书籍或《哈佛商业周刊》的文章上发现另外一种更加先进的领导方式。你也许会想，“关于领导艺术，人们有这么多真知灼见，我为什么只能采取其中一种呢？”

原因显而易见。当你处于重重压力之下时，不是有人总是完不成任务，就是有人犯了不可饶恕的错误，此时此刻你的第一个念头肯定不是“如果这件事换作管理大师肯·布兰佳，他会怎么办”，恰恰相反，你会不假思索地按照自己的领导方式进行处理。

此外，还有一个原因，借用质量控制理论创始人乔治·E.P. 博克斯的话来说就是：“所有的模式都是错误的，但是有些模式可以借为己用。”就连毕生都在研究领导艺术的道格拉斯也无法从中找到一个完全适合自己的模式。这是因为，所有的领导模式和理论都是基于某人的特定经历和独特环境所创立的。如果其中的某种模式恰好适用于你所处的具体形势以及你对领导方式的所有观念，这不能不说是一个奇迹。

但与此同时，博克斯也告诉我们，这些基本模式可以作为借鉴。因此，我们既要对经典的管理论述了然于胸，又要对最新的学术动态略知一二，然后选取其中最具远见卓识的观点进行研究，从而创建一种属于自己的独特领导模式。

这就是道格拉斯在建立“金宝汤公司领导模式”时所采用的方式。

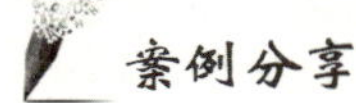

在借鉴中创新

为了给金宝汤公司建立一套正确的领导模式，道格拉斯借用了许多经典著作（沃伦·本尼斯、史蒂芬·柯维、吉姆·柯林斯、梅格·惠特利、约翰·科特等的作品）中长年以来令他深有感触并且行之有效的理念，然后融入这些年来一次又一次让他转败为胜的亲身经验。

在这一过程中，他曾经把这些初步的想法记录了下来，然后与团队成员一起进行探讨。

万事俱备以后，道格拉斯和自己的管理团队一起，共同创立了金宝汤公司领导模式。

这模式由6个相互独立的部分构成，从“激发员工信任”

The secret to an effective model is to base it on an ever-better understanding of the nature of things.

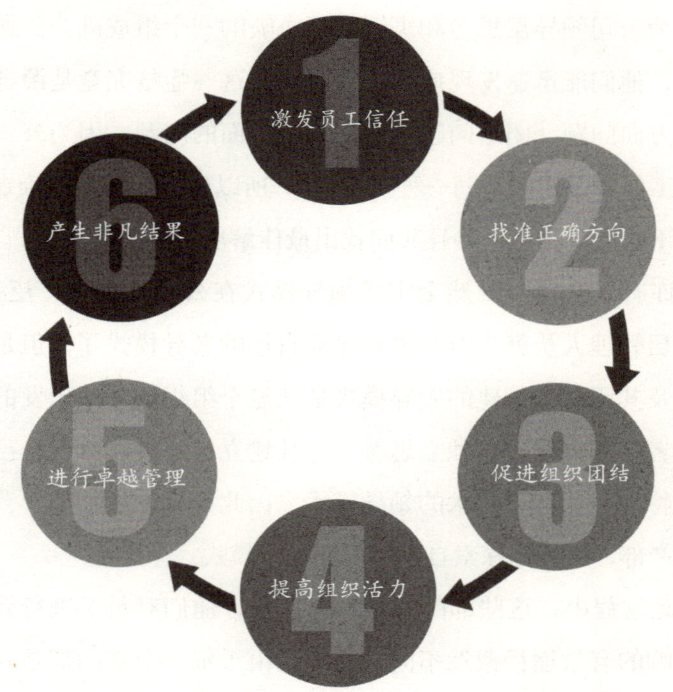

金宝汤公司领导模式

开始，直到“创造非凡结果”结束，然后周而复始，形成了一个不断自我巩固的良性循环。

这一模式尤其注重在员工中建立较高的信任度，因为道格拉斯认为，金宝汤公司的领导者只有首先赢得员工的信任，然后才能希望他们主动为公司贡献出聪明才智和工作热情。

领导模式一旦通过试验并且建立起来，当人际触点出现时，它就会成为公司领导层思考和决策不可或缺的一个组成部分。通过认真倾听，他们能迅速发现症结，并且弄清这一症结究竟是源自信任问题、方向问题、团结问题，还是其他方面的问题。因为公司的领导者在工作中采用的是同一种“语言”，所以他们能精准地确定什么才是眼下的当务之急，并且共同找出最佳解决方案。

也许有人会说，既然金宝汤领导模式在公司内部被广泛采纳，那么高层管理人员就没有必要再建立自己的领导模式了。但是，道格拉斯及其团队所创建的领导模式是从整个组织的角度出发的。其他领导者仍然需要进行独立思考，并且建立起一种能体现自己所在部门独特地位和各自需求的领导模式，因此无论是法律部、营销部还是生产部，都开始探索自己不同的思维模式。

在此过程中，这些部门的领导者发现，他们对员工进行管理和产生影响的有效途径截然不同。当然，由于每一个部门都是公司的有机组成部分，所以该部门的领导模式必然会与公司的整体领导模式产生交集，而且必须确保这一交集具有深刻的意义。

在金宝汤公司的高管培训学院里，每一名学员首先都要了解经典的管理知识，然后开始思考自己独特的领导模式。

在读完相关书籍资料并且参加过世界商务论坛以后，他们开始就感触颇深的观点展开热烈的讨论。随后，通过对有关领导艺术两个关键性的问题进行回答，他们将上述观念融合在一起，创造自己领导模式的雏形。接着，他们针对自己的模式向其他学员进行详细讲解。

令人感到振奋的是，这些领导模式的雏形各有千秋。

When it comes to leadership, you need a mental model that is based on a good understanding of human nature and the nature of change.

个人的领导模式

1 激发员工信任
2 找准正确方向
3 促进组织团结
4 提高组织活力
5 进行卓越管理
6 产生非凡结果

在公司产生显著的领导效果

公司的领导模式

金宝汤公司高管培训学院

两种领导模式的交集

对于领导模式来说，
只有首先认清人类的本质和变化的本源，
你才能够建立起正确的心理模式。

你是“独断型”“适应型”还是“综合型”？

要创建属于自己的领导模式，你首先需要认清自己当前的心理假设，即你看待他人及其行为的独特方式，从而判断这假设是否行之有效。

其次，你需要从他人的观点中吸取营养，然后综合个人经验，回答关于领导艺术的两个重要问题。

最后，你把自己的回答融入上述观点，并且根据自身的经验，提出一系列适合自己的方法。

如何建立个人领导模式

当然，你所建立的领导模式不是一成不变的，而需要经过一个不断完善的过程。当有事情发生时，你可以采取上述领导模式进行观察，然后置身局外，尽量从一个客观的角度做出必要的修正，接着再置身其间，以验证这一模式能否起到真正的效果。因此在这个步骤中，你要做到勤于探索。

你需要认清自己对于领导工作的假设，从而判断这一假设是否有效。你不妨考虑一下人们对领导工作都做出过哪些比喻，然后看看最能吸引你的是哪一种。在下文中，我们列出了一些人们最常用的类比。请一边阅读，一边找出哪一种最能引起你的共鸣。

All leadership models are wrong but some are useful.

战争。近几十年来，一提到领导工作，人们首先想起的就是“战争”这个词语。实际上，哈佛商学院就曾经被喻为商界的西点军校和美国企业家的军事院校。很多大学教授都喜欢使用诸如“集合队伍”“攻城夺池”和“挖掘战壕”之类的词语，他们让“战略”和“战术”成了商界通用的语言。经常有企业家为了出其不意而研究“游击战术”，学习如何“灵活作战，集结主力，一举获胜”。

体育比赛。许多人在谈到领导艺术时会采用“体育比赛”的说法。无论他们比拼的是速度还是耐力，是力量还是准确度，是严谨还是灵活，一次艰巨的商业挑战无异于“一场接力赛”或“马拉松比赛”。还有人把团队比作一支棒球队，他们“精诚团结、后来居上”。

团队创造。当哈佛商学院极力推崇竞争型的管理方式时，沃顿商学院却广泛宣扬团队合作和团队创造的精神。倾向于这种思维方式的领导者往往喜欢谈论怎样才能激发人们的积极性，让大家行动起来，并且相互配合。他们常用的口头禅包括：“创造”“建设”“行动”和“团结”等。

好莱坞。越来越多的领导都开始为了某项任务临时组建一支特别队伍，而他们所采取的模式与好莱坞拍摄一部电影的做法似乎异曲同工：为了拍好这部影片，“制片人”需吸引某些“巨星”和“适合的演员”参与其中，然后所有人开始夜以继日地工作，直到这部影片“杀青”，他们才能离开摄制组。

旅行和探险。就像我们在本书中所说的那样，很多领导者都喜欢把完成某个目标的过程比作一次“旅行”，他们会使用诸如“攀登珠穆朗玛峰”之类的比喻。这样的地点仿佛是一个个里程碑，而每到一处，就等于他们完成了某项艰巨而意义非凡的任务。

进化论。还有不少领导者从达尔文的进化论中获得了灵感。就像在自然界一样，一个组织只有做到“适者生存”，才能在商界立于不败之地。有意思的是，类似的自然界术语今天也越来越多地被用于军事方面，譬如有些人会说，要集中力量，直捣恐怖主义“巢穴”，并且对其发动“密集攻击”。

在上述这些类比当中，与你关于领导方式的观点最接近的是哪一种？哪一种比喻最能让你产生共鸣？接下来，你可以想一想，这种比喻有怎样的假设前提。你也许会说，这一观点是基于：

竞争还是合作；

示范还是引导；

迅速扩张还是逐渐演变；

追求效率还是促进团结。

对于大多数领导者来说，他们往往会偏重其中的一组词语。对此你有什么看法？你是倾向于选取其中一组，还是喜欢这两种方式兼而有之呢？

简而言之，你可以把这两组词语看作人们两种迥然不同的处世态度，或者对待动机和变化的两种截然相反的观点。如果其中第一组词语更能吸引你的兴趣，那么我们不妨将你待人处事的方式归结为“独断型”。如果你更倾向于其中的第二组描述，那么我们不妨将你的领导方式归结为“适应型”。

在人际触点中，这两种领导方式会产生怎样的结果呢？让我们分别从以下两个方面进行探讨，即约束他人和主导改变。

约束他人。我们假定某个一线员工在与客户进行交流时，既没有进行眼神接触，也没有热情地致以问候，而是一边工作一边在网上聊天，并且习以为常。如果出现了这种情况，你会怎么做呢？

在“独断型”领导者看来，人是一种理性、具有经济头脑的生物，他们懂得为自己的利益着想，所以他们会采取简单的“胡萝卜加大棒”的方式。如果你也持有同样的看法，那么你很可能会首先对这名员工痛加批评，然后通过物质刺激设法诱使他改变行为。

在“适应型”领导者看来，人类都具有利他主义的精神，这就意味着必须让这名员工找到自己工作的意义。如果你倾向于这种观点，你很可能会把这名员工叫到一边，向他解释你希望他怎样做以及这一点为什么十分重要。

主导改变。让我们再看看主导改变时，上述两种刻板方式会产生怎样的后果。假定你正在参加一个会议，会议主题是推介某种新型产品，但相关部门一而再、再而三地延误了进度，作为领导者的你应该怎么办？

在这种情况下，“独断型”领导者会分析情况、揪出问题、找到某种解决办法，比如置换设备或者替换团队领导者，提供更多相关培训或者有关资料，改变衡量标准等。

与此相反，“适应型”领导者会首先了解信息的沟通和传递，以便从整体上把握有关情况。他们也许会做出决定，要加强两个团队之间的交往，让非正式的领导者也参与其中，或者创造某种氛围，让人们感到未来事态的迫切性。

但你为什么要让自己仅仅限于其中的一种方式呢？反之，你可以创造出一种既能解决某个具体问题、又能进一步完善相关体制的领导方式。那就是“综合型”，即避免采取上述两种极端的手段，综合运用这两种方式，在达到目的的同时，为下一次有可能出现的情况做好准备。

作为“领导者的领导”以及“领导者的教师”，从我们多年的研究结果以及自身经验来看，我们认为：在人际触点中，领导者既不应当偏重“独断型”的方式，也不应当偏重于“适应型”的方式，而是应当综合运用这两种领导方法。我们没有必要就人是自私的还是利他的、竞争的还是合作的而纠缠不休，因为人们往往对这两者兼而有之。

同样的道理，我们也没有必要就一个组织究竟是应该像一架机器那样运转还是一个生态系统那样演变而进行争辩。如果有办法既可以提高效率，又能促进团结，那么我们为什么要限制自己非此即彼？事实上，最具创造性的办法恰恰存在于这两种看似矛盾的观点之中。

有趣的是，我们注意到早在 2 000 多年前就有人采取了这种兼

You could create a solution that involves first fixing an isolated problem and then addressing a deeper and more systemic one.

收并蓄的思维方式。譬如，中国古代伟大的哲学家、道家学派创始人老子就曾经把"独断型"的"阳"和"适应型"的"阴"这两个对立面看作是一个相辅相成的整体，而阴与阳的有机结合才是最佳的养生方式。同样，在《变革之舞》（*The Dance of Change*）一书中，彼得·圣吉（Peter Senge）也认为，智慧源于对相对立事物之间有机互动的深刻理解。

了解团队成员的"材质"，激发其最大潜能

作为领导者，你的职责就是以某种持久有效的方式，带领他人尽快从眼前的现状走向未来应该出现的情形。为了做到这一点，你必须同时掌握"材质"和"过程"。

对于一个陶匠来说，他必须了解所采用的材质（陶土）以及如何将其转化为一件坚固耐用的物品。同样的道理，对一位领导者而言，他也必须了解团队成员的"材质"（才能、精力、创造性和工作热情）以及如何将其转化为有效的行动。

为了理解这些基本概念，并且认清它们是如何在具体的企业文化和独特背景中运作的，你首先要回答下面两个关键性问题：

在什么样的情况下，人们才能有最佳表现？

在这个千变万化的世界中，怎样才能让人们始终如一地致力于不断改善自己的表现？

要对这两个问题做出回答，我们得像淘金一样：先筛除泥土、灰尘、树根、苔藓和碎石，才能发现天然的块金，即找到对于人类本质和变化本质的纯粹认识。既然这是一项耗时费力的工作，我们为什么还要对它孜孜以求呢？因为只有认清了这些事物的本质，你的工作才能变得更高效。

你可以从借鉴理论专家和业界人士的观点开始，也许你曾经从他们的研究成果和领导模式中受益良多。不妨回想一下，过去这些年，当你看电影、读传记或者听演讲时，有没有哪一种观点让你深受启迪？你可以把这些睿智的看法记录下来，以备日后不时之需。

谈到如何领导他人，你可以根据亲身经验设想一下，在什么样的情况下人们才能有最佳行为，以及作为领导者你怎样才能激发人们超常发挥。在建立自己的领导模式时，一定要从这些经验中吸取教训。

考虑“在什么样的情况下，人们才能具有最佳表现”这个问题时，你可以想一想，什么东西最能激发你的积极性。比如，为了得到物质奖励，为了获得某人的尊重，或者为了挑战某个棘手的问题，你的表现会变得异常出色。但涉及他人时，一定不要想当然地认为，那些可以激励你的东西，比如金钱、名誉、胜利以及挑战等也能成为他人的动力。

问题的关键并不在于什么东西能对你产生激励，而是什么情况能让他人全心全意地投入工作。你可以回想一下你的团队成员。当每一个人的面孔浮现在你脑海中时，你认为怎样才能让他或她感到安全、不断进取或者努力获得新的知识？在怎样的情况下，比如压力太大、担心会失败或者挑战过于艰巨，他或她会望而却步？如果把你的团队作为一个整体来看，其结果又会如何？他们在什么时候会有最佳表现，比如保持工作顺利运转、相互鼓励或者为了整个团队的胜利而不懈努力？

在考虑过上述问题以后，你最大的收获是什么？如果你要指挥的是一个极具领导潜力的人才，你会以哪种方式对其进行启迪？关于如何激励他人，你又会给出怎样的建议呢？

接下来，我们一起来探讨第二个问题：在这个千变万化的世界中，怎样才能让人们不断改善自己的表现？从自身的经验来看，你是如何一次又一次实现目标的？你是否曾经属于这样一个团队，你们后来居上最终大获全胜？果真如此，是什么导致了这一奇迹？也许你所在的团队一直名列前茅，那么又是什么让你们始终立于不败之地呢？你是否有过削减开支和精减人员的经历？如果有过，这一经历让你对勇气和同情心有了哪些新的认识？

要回答这个问题还有一个办法，你可以回想一下自己遇到过的最出色的上司和最杰出的同事。他们是如何激发他人的创造性的？他们是如何引领他人的工作热情并取得优异成绩的？他们是如何在解决当下问题的同时，深谋远虑做好长远打算的？与此相反，你还可以回顾一下所遇到的那些曾经将蒸蒸日上的组织体制或企业文化毁于一旦的领导。什么事情是不可以去做的？从他们的身上，你应该吸取什么样的深刻教训？

如果你的某个下属是新手，你能否将上述观点简化成寥寥数语，从而极大地激发他的创造力和工作热情？

从初步模式到成熟模式

设计一张成熟的领导模式图表

建立领导模式雏形的价值在于，它能让你对有价值的想法一目了然。在此过程中，你需要迅速列出各种各样的观点，然后反复从中剔除缺乏成效的内容。一旦建立起一个初步的领导模式，在进行领导时你就有章法可循，并且不断对其进行修正，从而使这一模式变得更清晰、连贯和高效。当你需要就自己的领导方式向他人做出解释时，如果你可以将其简单概括地画在一张餐巾纸的背面，那么你就大功告成了。（在本章开头，我们提到了“金宝汤公司领导模式”，这只是诸多领导模式的其中之一。要想了解更多其他的领导模式，请登录 www.conantleadership.com 网站获取相关信息。）

开始创建自己的领导雏形之前，你可以针对上述两个关键问题，分别从独断型、适应型和综合型以及自己的角度进行思考，然后在

便条上迅速记下观点。在此步骤中，你不需要进行过于深入的思索，只需要将那些闪现在脑海中的想法记录下来即可。比如说，你的便条上可能写着，“随时随地做好记录”“如果你失败了，那是因为你不够努力”“有时候，不合常理的举动才会促使人们做出改变”“要帮助他人”“要表里如一，诚恳真挚”“自负也许是一件好事”，或者“相信他们”等。

在把这些简短的想法记录下来以后，你就可以对它们进行归类整理。有些谈的是怎样处理人际关系，另一些讲的是怎样达到目的；有些看重的是他人的品质，另一些关注的是他们的能力；有些强调的是如何稳定局面，另一些侧重的是如何做出改变。你可以不断将其分门别类，直到这些观点看起来井然有序为止。

接下来，你可以退后一步，看一看这些观点之间存在哪些内在联系。这一步至关重要，否则你所得到的就不是一整套合乎逻辑的理念，而是一连串没有联系的语句。这几组观点也许依次递进，那么你就可以用金字塔形状的图表绘制出来。它们也许相互交叠，那么你就可以通过维恩图解（英国逻辑学家维恩制定的一种类逻辑图解。——译者注）表示清楚。此外，你还可以采用循环型、并列型、螺旋型的图表甚至是某个公式将这些观点联系起来。这是一个充满乐趣的过程，你不妨试试有多少种可能。

当你充分理解这些观点的内在联系以后，就可以迅速画出几张个人领导模式的草图。在设计完一张图纸以后，你可以稍事停顿，看看这种模式是否合乎你的理念。接着，再画第二张、第三张，直到满意为止。

在找到一个能准确无误地表达自己独特领导方式的模型以后，你可以试着向他人进行解释，看看你是否能按照这张图表表述清楚。找家人或一个熟识的朋友、同事，然后花上 5 ～ 10 分钟，对其讲解这一模式。一开始，你也许会感到踌躇不决或者有些愚蠢，那就不妨多试几次。在这个过程当中，如果你仍然感到有些地方说不通，那就再次回到桌前，重新设计你的初步模式，直到自己感到条理分明为止。

当你对自己所设计的领导模式充满信心时，你可以选择一两个意见十分重要的人，比如一位导师或者同事，对其进行详细讲解，然后请他们对这一模式进行反馈。这一模式是否清晰明了、前后呼应？他们能否听懂？这些观点及其内在联系有没有不堪一击的地方？你可以借助他们的力量督促自己不断进行改善，因为你最大的希望就是让自己设计的领导模式行之有效。

如果你认为这一模式不仅条理分明，而且合乎逻辑，那么这个初步模式就可以逐渐转化成为一个成熟的模式。你可以将其运用于团队或者上司和同事的身上。这一模式不仅会有助于他们理解你的领导方式和你所做出的决定，还能让你轻而易举地对他人解释你的想法。

持之以恒地“践行—调整—践行”

在创立了一个稳健的领导模式以后，接下来你需要做的就是坚持不懈地利用这一模式指导你的行动。许多节食减肥的人之所以无

Your leadership model should reflect
what you have learned from your experience.

法成功地减轻体重，正是因为他们没有做到持之以恒。他们会想，这个模式肯定不对，然后半途而废，并且重新尝试另一种模式，但结果同样不理想。

同样的道理，很多领导者在实施自己的领导模式时也没有做到锲而不舍。由于效果不尽如人意，他们便将这一模式抛诸脑后，然后开始热衷于另一种管理思想。在上文中我们曾经强调过要学会用脑，这不仅意味着你需要理清思路，而且在推行你的领导模式时也要做到有条不紊。

当然，经过一段时间以后，你也许会对自己的这一模式进行调整。随着你对领导艺术研究的逐渐深入以及自身管理经验的不断丰富，你对人类本质和变化本质的理解也会变得更加透彻，从而使领导方式也发生转变。

举例来说，如果你的领导模式成形于公司的扩张期，你也许会发现它未必适用于收缩期。再比如，你的岗位职责发生了变化，在此之前你的下属都是澳大利亚人，而现在你的团队成员全部来自中国，那么你的领导方式也必然随之产生变化。

此外，如果你对未来的预期发生了改变，你的领导模式自然而然也要做出调整。因为随着工作节奏变得越来越快，其复杂程度、预期目标和岗位职责也在不断增加，你就必须加快领导步伐、改善工作方法，从而激励人们跟上时代的脚步。在将来你的领导模式会产生怎样的变化？如果你雄心勃勃，想在今后的10年甚至20年中继续做好某个大型组织的领导者，可以说这将是一片有待你开发的新边疆。

在建立自己的领导模式时，
一定要从亲身经验中吸取教训。

第3章精彩回放

遵循自然规律，勤于探索

道格拉斯·迈克格雷格是管理学理论的创始人之一。对于许多领导者漏洞百出的思维方式，他曾经深感惊讶，并且指出其中多数观点都缺乏必要的条理，而这本来应当是一位工程师具备的基本素质。举个例子来说，一位水力发电工程师必须懂得水往低处流的道理，然后才能去建设水坝。假如他的目标是构筑一个逆流而上的水坝，其结果可想而知。当结果事与愿违时，人们自然应该把责任归咎于那位不称职的工程师。

同样的道理，一位领导必须首先理解人类和变化的本质，然后才能据此设计出一个行之有效的领导模式。但是，当员工并没有按照预期做出改变时，许多管理人员就会满腹牢骚地说："人们总是不愿意做出改变。"没错，他们当然不愿意！至少大多数人都不愿意，除非他们觉得自己有必要做出改变。因此，一个杰出的领导模式必须考虑到这些因素，并且提前考虑到应该如何解决这一问题。

很多领导者之所以经常感到愤愤然，其中一个原因就是，要想让事物发生深刻持久的转变往往需要一定时间，而他们当中的大多数人却无法接受这一点。打个比方来说，十月怀胎一朝分娩是自然而然的，但是如果有人否认这一规律，认为让10

个妇女同时待在一间屋子里，她们就可以在1个月内产下婴儿，其结果不言而喻。他们也许会说："如果对她们进行物质奖励，或者允许她们把自己的宠物带到工作场所，是不是就会让我们如愿以偿呢？"

要想对自己的精力和资源善加利用，其秘诀在于遵循而不是违背自然规律。当然，这并不是说你不能进行实验。事实上，有时候尝试一些大胆的想法反而是一件好事，因为它往往能为我们的领导工作带来前所未有的突破。此外，我们需要面对的一个事实是，很多领导模式都需要进行大刀阔斧的改进。如果按照从业人员的态度来看，今天的领导者平均只能得到一个C。

但在你转而尝试其他新的领导方式之前，应该反复去实验，接着对得到的数据进行研究。如果人们的表现没有达到你的预期，你也不要为此感到烦恼，而是应该充满好奇。不妨反问自己，这难道不是一件十分有趣的事情吗？其中的原因是什么？然后设法找到这个问题的答案。

爱因斯坦曾经说过，"一个人如果不再觉得好奇，不再感到惊异，那么他就虽生犹死。"如果你想在领导工作中活得精彩，那就不要失去好奇之心，学会提出正确的问题，然后找到一个符合自己独特文化背景的答案。

换句话说，要做到勤于探索。

第4章

用心：关心工作，更关心与你一起工作的人

USE YOUR HEART

某跨国公司的一名员工因长期患有重症在工作期间猝死，公司在吃紧关头仍以100万美元进行赔偿，这对领导而言，是原则问题吗？

在你成长为领导者的道路上，是否有坚定的行为准则为你指路引航，令你不致迷失方向？

在每个人际突触中，你能否做到言行一致，让人们信任你而不是叫你“变色龙”？

无论别人对我们耍什么花招，我们都不能对自己耍花招。

有些领导者常说："我只对事，不对人。"不要相信这句话！他们的意思是，要显示领导力，就必须态度坚定、冷酷无情。然而，事实却恰恰相反。你的工作与个人的关系极为密切，因为你不仅需要关心你的工作，更要关心与你一起工作的人们。要做到这一点的确需要很大的勇气，但我们相信，如果你能学会用心，你就能在重大问题上做出明智的判断，也能与其他人建立起密切的人际关系，并且不断提高作为领导者的个人威信。

让员工在千里之外也能感受到你的真心

在人际触点中，有时候你可以干脆利落地做出选择，因为你只需要搜集最可靠的数据，对其进行分析并做出决断。但大部分情况下，你要考虑的不只是数字。比如，有关数字显示你应该朝某个方向走，但你清楚地知道，这样做只会与你的目标南辕北辙。如果出现这种情况，你就要相信你的直觉，坚持自己的原则。也就是说，只有既用脑，又用心，你才能做出明智的选择。

Leading with heart means that when you need to make a tough-minded decision, you are acutely aware of how it will affect the people involved.

下面我们就来讲一个现实生活中发生在某位领导身上的故事。

案例分享

用百万美元赔偿良心上的不安

4个月前，约翰刚刚升任某跨国公司供应部门的副总经理。不久，他负责的一家工厂有位工人猝死。虽然不排除死因与工作有关的可能，但更可能是他长期患有的重症引起的。

事件发生后不久，约翰参加了一次会议，与会的还有公司首席财务官和负责保险政策的副总裁。保险部的工作人员说，由于无法证明是工作原因引起死亡，所以公司可以选择拒绝支付这名工人的抚恤金。“如果我们否决了这项索赔，”她说，“公司就可以节省100万美元的资金。”因为当时预算吃紧，100万美元可是一大笔钱。

按照正常逻辑，约翰应该支持这项提议。然而在此之前，约翰曾经担任过工厂经理，对他而言，这件事不是逻辑问题，而是原则问题。他说：“每天早上，工厂的经理都要看着工人们充满谴责的眼睛；每个星期天去教堂祈祷时，都会看到这名工人的妻子。所以我们必须进行赔偿。”公司的首席财务官都很支持他。工厂的安全经理宣布事情的处理结果后，约翰的这番话很快就传了出去。很多员工看见他时，都会走上前去，对他表示感激。在这样一个关键时刻，约翰选择了用心去领导，所以不仅赢得了人们的信任，而且这个人际触点也迅速产生了巨大的扩散效应。

用心领导意味着当你需要态度坚定地做出决定时，必须敏锐地考虑到这一决定会对当事人产生怎样的影响。

但是，我们所说的用心领导并不是指凡事偏向个人，而是意味着当你需要态度坚定地做出决定时，必须敏锐地考虑到这一决定会对当事人产生怎样的影响。也正因为如此，很多领导者都难以做出这种艰难的决定。

这就是道格拉斯在第一个财政年度所面临的困境。当时的经济形势已经十分紧张，更糟糕的是，就在这个节骨眼儿上，他又偏偏发生了一起严重的车祸。几个月来，他的团队替他分担责任、支撑局面，并且做得相当不错。到了年终，他们的表现大多达到了甚至超出了原有预期。但当道格拉斯和董事会认真研究以后，却发现他所在团队的表现低于公司平均水平。

“毫无疑问，我们可以做得更好。”道格拉斯想。然而最让他感到不安的是，虽然团队的表现低于公司平均水平，但因为超出了原有预期，所以团队的领导者计划给员工的评价是中上。“我真的感到非常矛盾。当我躺在医院病床上的时候，是他们在公司努力工作，帮我渡过了这个难关。每一个人都兢兢业业！但现在我的回报却是：‘谢谢你们。你们虽然表现得不错，却还不够出色。’要知道，我真的认为，我们应该做得更好。”

如果是你遇到这种局面，你又会怎样处理呢？道格拉斯做出的决定是：在经过长达两周的审议后，他给自己和10个直接领导的管理人员的评价是中下，并且希望通过这一举动传达出明确无误的信息。通过亲身参与团队的评价，他阻止了本来可能会在公司炒得沸沸扬扬的风言风语，而且释放出一个强有力的信号，使每个团队成员都知道，他们需要进一步提升自己的表现。

But even when making minor decisions, you want to use your heart.

较之大多数领导在日常工作中需要应对的局面，以上约翰和道格拉斯的决定不仅非常重要，而且影响深远。所以即使是在微不足道的时刻，你同样需要用心。比如，在确定一次异地会议的日期时，你也许需要在周一或周二两天中做选择，而这将决定一些人的周日是在家中度过还是在机场穿梭；再比如，当某项任务的最后期限迫在眉睫时，如果你不适当修改交期，就意味着所有的团队成员在下一周都将不分昼夜地工作，或者在相当长的一段时间里都将围绕这项任务运转，同时因为没有按时完成目标而灰心失望。实际上，这种看似不起眼的决定每天都会有几十次，它们不仅会影响人们对领导者的信任和身为团队一分子的自豪感，还会影响团队整体的工作热情。因此，无论这些时刻显得多么无足轻重，作为领导，你一定要做到既用脑，又用心。

为了与他人之间建立起真正的联系，在人际交往过程中，你需要展示的不仅是掌握的信息和丰富的经验，还有一个真实的自我。由于网络传媒和通信技术的发达，今天的从业人员获取信息的渠道大大拓宽了，如果你有半点虚情假意，他们远在千里外也能感受到。在他们选择对某家公司做奉献之前，他们想看到的不是一副公事公办的面孔，他们想听到的不是几句例行公事的陈词滥调，而是想结识真正的个人。

可悲的是，很多领导者总是深藏不露，他们将自我真实的一面掩盖起来，而不是展示给大家。他们所得到的必然是一种相互利用的人际关系和大家得过且过的工作态度。可我们相信，当你认识到这一点之后，你一定能做得更好。

然而即使是在微不足道的时刻，
你同样需要用心。

反思你的工作观

在上一章，你对关于领导艺术的两个关键性问题进行了深入思考，从而进一步明确了自己的世界观。现在，我们希望你能探讨一下你的工作观。

为了帮助你进行反思，我们把金宝汤公司高管学院三个关于用心的问题列了出来：

我为什么要选择从事领导工作？

我的行为准则是什么？

我能否做到言行一致？

在金宝汤公司的相关培训中，不少高层管理人员都认为，在对这几个问题进行反思以后，他们变得更务实、更高效和更自信了。

> “我一直认为，必须按照他人的期望进行领导，但现在我已经找到了一条属于自己的道路。”
>
> “当我不再为他人希望我成为什么样的领导而感到惴惴不安时，我的工作反而变得更高效了。”
>
> “在找准目标以后，我感到勇气倍增。”
>
> “按照熟悉的方式进行领导让我更加自信了，随之而来的是巨大的变化。我开始得到越来越多人的认可和更多机会。”

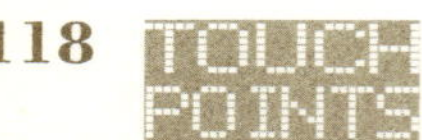

Why do I choose to lead?
What is my code?
How well do I walk the talk?

我们希望你也能抽时间对上述问题进行反思，从而使你的领导能力发生同样巨大的转变。

如使命般发现领导的精髓

很多情况下，人们之所以选择从事领导工作，是因为这仿佛是职业生涯中顺理成章的一步。对于成为领导者以后能“获得什么”，他们大都一清二楚，比如全新的挑战、更大的影响、更高的地位以及更好的报酬等。

但是，对于成为领导者以后需要“付出什么”，许多人其实不甚了解。他们也许能为自己的选择找出很多理由，但对于目标究竟是什么，却很难说得清楚。要知道，领导工作是一项艰巨的任务，如果目标不清晰，你也许会疑惑是否真的值得耗费如此巨大的精力：参加没完没了的会议、为预算问题争得面红耳赤、处理堆积如山的报告、应对纷至沓来的投诉，还有长期在外出差奔波。这个岗位是否真的值得你花那么多时间，或者把工作看得高于一切？这真的是你想要的生活方式吗？

如果你能认清自己为什么从事领导工作，你不仅能发现工作的意义，还会获得源源不绝的动力。比如说，你的工作也许是推销乳胶手套，而你认为这样做很有意义，因为乳胶手套有助于预防传染疾病。但这并不意味着工作本身能让你产生成就感。因为工作的意义往往取决于大背景和为别人带来的价值，而工作目的却完全取决于个人。也就是说，你需要在不计其数的工作中找准自己的位置。

你爱你所做的事情，你喜欢这种感觉。你会说：“是的，这就是我想要做的事情！”

问题是大多数人并没有认真考虑过自己最想要做的是什么事情，以及这样做的目的是什么。然而，当我们静下心来认真思考这个问题时，会发现这一点难以用语言表达。我们所接受的教育让我们擅长理性地推断，但对于如何表达情感，我们却经常不得要领。对这些问题进行思考时，我们仿佛进入了诗歌、戏剧和哲学的领域。

借用诗人帕米拉·瓦尔·斯塔尔（Pamela Vaull Starr）的诗句，让我们：

> 把手伸得再高一些吧，因为星星藏在你灵魂的深处；
> 把梦做得再沉一些吧，因为成功就在你梦想的尽头。

谈到梦想，我们要区分梦想家和空想家的不同。所谓空想家，是那些试图逃避现实、无所作为的人们，而梦想家则是指“那些面对现实并想方设法将梦想付诸实践的人们”。他们认识到，我们所处的世界并不完美，但却仍然勤勤恳恳、兢兢业业，希望通过自己的行动让这个世界变得更美好。

你的梦想是什么？什么事情会让你有使命感，仿佛受到了某种感召？

从我们的经验来看，这一类型的领导者非常关心团队成员，而且对他们了如指掌，甚至可以和他们聊几个小时，探讨什么塑造了他们，他们怎样发展到今天这一步，以及如何充分发挥每一个人的

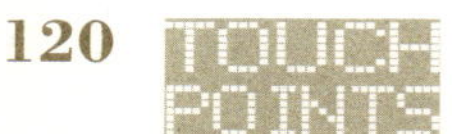

Becoming more comfortable in my own skin gave me more confidence.

潜能。这一类型领导者还能明确说出，他的团队动力的来源，还有提升团队实力的计划。对他而言，领导并不仅仅是工作。

发现你的梦想，有一个办法是回顾那些曾经给予你启迪的领导者。就道格拉斯而言，泰迪·罗斯福（美国第26任总统西奥多·罗斯福，泰迪是他的小名。）是他奉为楷模的领导者之一，时至今日他还经常引用罗斯福总统在1910年一次演说中的名言：**“真正的荣耀属于那些在竞技场上满面汗血尘灰，却仍然顽强拼搏的勇士。他们屡战屡败，屡败屡战。他们满腔热情，全力以赴，矢志不渝地投身于伟大的事业……”**

这段名言和其他许多激励人心的话语一起帮助道格拉斯在商业舞台上发现了自己的使命。这一使命就是努力将一蹶不振的不利局面扭转为蒸蒸日上的有利局面，无畏风言风语，在逆境中迎难而上，致力于打造世界一流的企业。这就是他选择从事领导工作的目的。那么你的目的又是什么呢？

如果你觉得这个问题很难回答，不妨反思一下，也许你并不是真想从事领导工作，也许你并不想对那么多员工的表现负责。是的，你可能希望拥有更大的影响力，但也许你更想在别的领域中发挥特长，并通过优异的表现不断提高影响力。

这就是梅特在从事领导工作数年之后得到的结论。她发现，虽然成为一名领导者的确很好，但却不适合自己。直到42岁，她才认识到她真正想做的事情是帮助其他领导者在工作中变得更加诚挚和更有活力，从而为每一名员工不断取得进步和充分发挥潜能创造最佳的工作场所。根据她的经验，**作为一名领导者，只有当你热爱你**

的工作时，才能做到游刃有余，并且让身边的人们也变得更有活力。反之，如果你不喜欢你的工作，你就很难做到得心应手，并且也为他人带来巨大的损失。对于梅特来说，现在从事的工作不仅让她对接触到的每一位领导者都产生了积极的影响，也通过他们对数以百计，甚至数以千计的人们的生活产生了影响。这就是她选择从事这项工作的目的，同时也是她满腔热情的源泉。

做道义上的赢家

每一位领导者都应该有自己的行为准则，即让自己在每一次人际触点中始终言行一致的一系列规范。假如你的行动总是前后不一，你就可能成为变色龙式的领导者。但如果你有坚定的原则，其他人就会了解你为人处事的立场以及态度。

你是否经历过这样的事情，在一些人际触点中，为了坚持自己的立场，你不得不做出艰难抉择，即使为此影响前途也在所不惜？当你按照原则以及自己认为正确的方式行事时，你有何感想？在这些人际触点中产生的感受会让你更清楚地认识自我，并且为自己感到骄傲。经过磨砺之后，你不仅会变得更顽强，还会受到人们的尊敬。

正如上文故事中约翰决定支付死者的抚恤金时所发现的那样，即使这种选择需要承担巨大的风险或者有损自身的利益，但如果你能够按照原则行事，你就能得到人们的信任。

你的行为准则必须基于你所信奉的原则，并能反映出你的是非观。

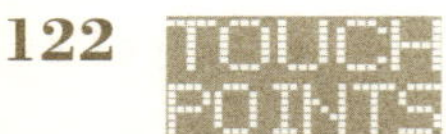

Knowing why you want to lead gives you a well of energy to draw on that is deeper than merely finding meaning in your work.

如果你能遵守自己的行为准则，你就会感到心安理得。反之，如果你违背了自己的行为准则，你就会对自己感到失望至极。不可否认，在许多人际触点中，尤其是当你感觉受到不公正待遇或者受到他人背叛的时候，你很难理智地进行处理。但如果你能用坚定的行为准则指引自己的一举一动，并且结交一些能对你进行积极引导的良师益友，你就能够从中获益良多。

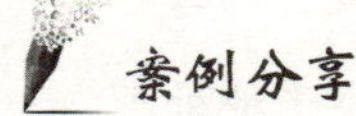

案例分享

一个问句，让人醍醐灌顶

道格拉斯对尼尔·迈克卡纳充满了感激，是他帮助道格拉斯建立了自己的行为准则，并且引导他站在一个更高的角度去看待问题。道格拉斯的职业生涯始于通用磨坊公司。10年中，他奉献出了所有的精力，但他所在的分公司最终被收购，新老板决定取消道格拉斯的职位。

一天早上，总裁把道格拉斯叫到办公室，要他收拾好自己的东西，并在中午之前离开。对于那一刻，道格拉斯至今仍然记忆犹新，“我辛辛苦苦地工作了10年，最后竟然落得这样一个下场！那个发号施令让我离开的人甚至不敢正视我的眼睛。”他孤身一人回到家中，等待他的除了妻子和两个年纪尚幼的孩子外，还有一大笔需要偿还的抵押贷款。

幸运的是，在道格拉斯离开办公室之前，他与一位再就业问题专家取得了联系。这个来自新英格兰的美国人就是尼尔·迈克卡纳，他听完事情的整个经过后，告诉道格拉斯先休息几天，回顾一下自己的家族历史，然后再到他的办公室去。

几天以后，道格拉斯找到了尼尔，向他诉说了公司做出的一系列决定给他带来的伤害。尼尔听了一会儿，然后问道："如果你的祖父遇到这件事情，他会怎么做呢？"道格拉斯不假思索地回答："他会从全局着想。"一瞬间，道格拉斯知道自己真正想做的事情是什么了。他不再追究公司做出的每一个单一决定，而是选择相信公司能在被收购期间公平地处理好他的职务问题。公司也确实做到了。

从道格拉斯的这个故事中可以发现，我们所信奉的大多数原则其实在人生初期就已根深蒂固。甚至早在踏入小学校门之前，我们就已经懂得了要爱护幼小，不能恃强凌弱，要乐于分享以及勇于承担责任的道理。随着时间的推移，老师会教育我们严于律己是道德高尚的表现，教练会告诉我们怎样才能成为一名合格的团队成员，上司会暗示我们要为自己的工作承担责任，而我们的行为准则也会随之不断发展演变。

随着年龄的增长，我们开始对从他人那里学到的东西进行反思，并且努力探寻答案。比如说，你也许从小就耳濡目染地认为"胜利不是一切，而是唯一重要的事情"。但慢慢长大后，你却发现，为成为赢家不惜一切代价的结果是让自己尝尽了苦头。随着认识不断提高，你所信奉的行为准则也转变为"要做道义上的赢家"。也就是说，如果在每一次人际触点中你都能按照你的行为准则处事，你的团队成员就会知道，你希望他们通过提高素质和发挥优势进行良性竞争，而不希望看到他们暗箭伤人或者自相残杀。

通过进行自我反思，你会逐渐认识到自己人生中所信奉的那些原则。

不妨想一下，你是否有曾经坚持自己立场的时候？你为什么要这样做？你在坚守一条什么样的原则？你是否有过应该坚持立场但却没有做到的时候？你所忽视的是一条什么样的原则？其结果又分别如何？

过去的30年，我们曾经与数以千计形形色色的领导者合作。我们发现，**凡是管理水平炉火纯青的领导者，在事业初期无不善于服从整个组织以及团队的利益**。借用一句军事术语来说，他们的行为准则就是，“行动第一，团队第二，个人第三”。

诚然，遭遇困境时，人们很难恪守自己的行为准则。比如说，当你的团队成员有着各自不同的文化背景，你会发现对于什么是荣誉和尊严，人们的看法往往大相径庭。作为他们的领导者，你必须对那些不同于自己文化的诠释持一种开明的态度。然而，这并不等于提倡道德相对主义，因为这意味着我们不能在道德问题上自以为是，而应该反躬自省：在这种情况下，最公平正义和最合乎道德的做法是什么？这正是克莱顿从牙买加迁居美国后亟须回答的问题。

案例分享

行为准则不能说变就变，而要适时而变

克莱顿是某大型商业组织的总裁，该组织年收入超过10

亿美元。在他看来，最重要的事情是要对他人表示尊重。在牙买加，如果你想对他人表示尊重，进行交谈时一定要让双方畅所欲言，直到这段谈话自然而然地告一段落。所以克莱顿认为，即使自己会因此在下一个会议迟到，也一定要等别人把话说完。

但后来克莱顿发现，对于迟到的态度，美国人和牙买加人截然不同。一开始，当有人对自己缺乏时间观念颇有微词时，克莱顿不以为意，因为在他的文化中，迟到一会儿是没有什么大不了的。然而他很快就意识到，在美国同事看来，迟到是对他人的不尊重。问题在于，牙买加文化教给他的是一种观念，而美国的工作环境需要的却是另一种态度。克莱顿并没有因此改变自己的行为准则，不过为了对他人表示尊重，他懂得了这个道理：为了做到守时，有时需要缩短人际触点的时间。

身处逆境时，正确的行为准则不仅能让你保持清醒的头脑、充分发挥自己的才能，还能让你在道义上占据上风。如果在你通向成功的道路上存在不少捷径，行为准则就显得至关重要，因为它能帮助你抵御这种诱惑。可悲的是，在对很多声名赫赫的企业家进行采访时，大部分人都表示，他们无法承受坚持原则所要付出的代价。他们认为，如果对手抄了近路，为了保持自己的竞争优势，他们也必须如法炮制。他们还辩解说，等到占据了优势，他们就会采取正当做法。然而这种观点却漏洞百出，因为日积月累你就会积重难返。

如果你是依靠走捷径获得成功，这一点会成为你人格上永久的烙印。

如果你是一位领导者，其中的利弊得失不言而喻。你所采取的行为标准不仅能反映你的处事态度，还能反映出整个团队、整个部门以及整个公司的价值观念。谈到这里，梅特忽然想起自己在18岁那年离开故乡丹麦前往美国工作的情景。与家人告别时，父亲伸出手来拍了拍她的肩膀，郑重其事地对她说："记住，现在你就是一位丹麦驻美国的大使。你的一言一行都代表全体丹麦同胞。"那一幕转瞬即逝，但父亲的一番话却铭刻在梅特心中。

作为一名领导者，你就是所在团队的一位"大使"。如果你能时时处处为这个团队着想，你就应当伸出手来拍拍他们的肩膀，提醒每一位团队成员注意自己的言行举止。

摒弃"伪行为"

每一次人际触点都是一个小考验：你倡导大家开诚布公，但你真的想让人们直言不讳吗？你提议大家争夺主动权，但你真的想把权力拱手相让吗？**如果你能做到言行如一，人们就会认为你值得他们信赖。**

在这个过程中，如果你遭遇了挫折，他们会停下来看看你接下来怎么做。这时，如果你能挺起胸膛，保证会做得更好，他们就会毫不吝啬地伸出援手。如果你信守承诺，他们就会对你产生信任。作为领导者，你的目标就是在每一次人际触点中始终做到言行一致。

在这一点上你做得怎么样？回答这个问题时，一定要坦诚地面对自己。要知道，人们对于自己的看法往往比实际情况要好，这是人之常情。马歇尔·古德史密斯曾经对许多来自世界各地知名公司的总裁进行过培训，并著有《管理中的魔鬼细节》（*What Get You Here Won' t Get You There*）。他曾面向 50 000 多人展开调查，问他们的表现与自己的同事比较如何，有 70% 的人把自己排在了前 10%。我们都知道，这在数学上是不可能的。该怎么解释这种现象呢？答案就是，人们更喜欢倾听那些对自己表示赞许的正面意见，而忽视其他反馈信息。有鉴于此，如果你真的想取得进步，就需要设法从一个更客观的角度来认识自己，并且对自己坦诚相见。借用思想家拉尔夫·沃尔多·爱默生的话来说，那就是："无论别人对我们耍什么花招，我们都不能对自己耍花招。"

让我们假定你的行为准则中包括"以诚待人"和"对他人表示尊重"，你认为自己不仅为人坦率，而且善于倾听他人的意见。可这只是你的一面之词，其他人是不是也是这样看待你的呢？"是啊，当然是了！"你可能会在心中暗想，"我既不撒谎，也从不欺骗他人。我没有故意冷落任何人，也没有对谁表示不屑一顾。"以此看来，你的意思只是你没有违背这些行为准则，但是你恪守这些准则了吗？

我们最大的挑战，正如《信任的速度》（*The Speed of Trust*）作者史蒂芬·柯维所说的那样，是一种叫做"伪行为"的东西。你也许觉得自己说话坦率，但在人际触点中，难道就没有人见到过你旁敲侧击、吞吞吐吐或者歪曲事实的时候吗？当你的团队成员发言时，你可能始终聚精会神，但当其他团队的人们站起来讲话时，你难道就没有低头看过手机或者回复短信吗？

拷问自己诚实与否

检视自己诚实与否最简单的一种办法，就是站在一个更客观的角度认真了解你如何安排最宝贵的资源之一：时间。如果你想获得精确的数据，既可以全面地搜集一些对于自己行为如实反馈的信息，也可以找一两位坦率可靠并且关心你成败得失的旁观者帮助你。下面我们就来看看具体方法。

道格拉斯认为，身为领导者必须不断发掘身边的人才。从他的日程安排上，我们可以得出怎样的结论呢？就以为期两年的金宝汤公司高管培训项目为例，道格拉斯不仅专门为5组场外研讨会（每组为期12天）安排了日程，而且还为20次（每次长达1个小时）训练谈话挤出了时间。此外，每次研讨会结束后，所有参加培训的人员还要把对领导艺术的看法和感触通过写信的方式记录下来，道格拉斯特意抽出时间阅读和回复了其中的100封信件。这些事情安排起来容易，执行起来却很困难。从道格拉斯的上述表现中，人们发现他始终做到言行如一。当高迪瓦巧克力公司（源于比利时的著名巧克力品牌，金宝汤公司在2008年以8.5亿美元的价格将其卖给一家土耳其公司——译者注）的出售事宜接近尾声时，他仍然坚持到场参与研讨和谈话。最令人感动的是，车祸发生之后，正在康复期间的道格拉斯虽然每天只能工作几个小时，却仍然努力为下属提供帮助。

对于你所看重的事情，你是否能坚持不懈地抽出时间去做？你如何更加合理地安排时间？

案例分享

监督下的合理时间安排

我们来看看乔是怎么做的。当乔刚被提升为某世界500强企业的信息部主管时，他知道需要付出的时间也一定会成倍增加。但他希望能把工作时间花在有益的事情上，而且除了保证按时回家吃饭之外，还要为参加山地自行车和滑雪运动留出足够的时间。

乔的同事菲尔说："我来监督你吧。"于是，乔为自己订下了一系列标准以及所有事项的先后次序，然后他们又一起制订了一份每周工作安排。每周日晚，乔都会把下个星期的日程安排提前发给菲尔，第二天一早，他们两人会进行一次简短的会面：这些活动是否符合乔的标准？它们的先后次序是否得当？除了人际触点以外，他是否给自己留有足够的时间进行充电？有没有留出意外事件的缓冲时间？很快，乔就对自己的日程安排了如指掌，并且能更合理地分配时间。

检视自己诚实与否的另一好办法，就是搜集一些关于自己行为的反馈信息。你可以利用诸如"360°反馈"（360 degree profile）等工具不断提升领导能力。在某些重要行为上，当你认为自己的效率是80%而他人给你的评价只有50%时，你就能认清实际差别有多大。

有很多类似的工具可供我们选择。在与那些看似牢不可破的团

队打交道时，梅特发现合益集团（Hay Group）的《领导风格录》更有开拓价值。大多数带队者都喜欢把自己视作前瞻型的领导者，但是他们的直接下属却倾向于把他们归为领跑型的领导者。在人际触点中，这两者的差别非常显著：前瞻型的领导会把时间用在界定那些与团队策略有关的问题或者解释工作标准上，而领跑型的领导却不善于倾听，并且总是急不可耐地要进行解释。

你也许希望与某位导师、上司、同事或者顾问保持良好的关系，但关键是这个人能发现你的潜力，关心你的成败，并对你直言不讳。对于大多数领导者来说，他们的职位越高，人们就越难对他们如实反馈，这不能不说是一种挑战。因此，你需要找到一个值得自己信赖的人。

如果你打算开展这样一场坦诚的对话，最好的时机就是每个季季末。你们可以一起探讨如下问题：你这个季度的表现如何？你是否感到精力充沛？整个团队的工作热情是否高涨？你在哪些方面不太顺利，又是如何克服这些困难的？你的家庭情况如何？这样的发展步伐是否能长期保持下去？对于大多数领导者来说，最大的挑战就是要做到自信而不自负。如果有人能帮助你做到这一点，那么他就是一个值得你信赖的顾问。

第4章精彩回放

忠于自己，对自己负责

关于如何学会用心，我们在本章中提出了三个问题，除此之外，还有一个问题让很多领导者都深感困扰，即责任归属的问题。他们想知道，应当首先忠于客户、股东、员工，还是整个团体。

事实上，作为领导者你需要对很多人负责，而他们当中的每一个都十分重要。但是莎士比亚有句话说得好，“你一定要忠于你自己。”每一天结束以后，当你面对镜子时，你要做的第一件同时也是最重要的一件事情，就是对自己负责。当然，前提是你必须首先了解自己。

要做到忠于自己，你可以继续对“我为什么要从事领导工作?”和“我的行为准则是什么?”这两个问题进行深入挖掘。如果你找到了自己的领导目标和处事原则，它们就会像GPS全球定位系统一样，在每一次人际触点中从内心深处为你指引正确的方向，为你不断提高领导水平和建立良好人际关系提供源源不断的动力。

为了使你在回答上述问题时多一些领悟，你不妨每天读一些能激发灵感的东西：一首诗、一段文字或者一支歌曲，只要能不断激励自己就可以。如果有人有助于让你展示积极的一面，

Your code is based on the principles you believe in and captures what to you is the right thing to do.

那么每天尽可能多地和这种人待在一起。当每一天结束以后，你可以问问自己：我今天是否做到了言行一致？哪一方面我还可以做得更好一些？

要想在领导艺术上达到炉火纯青的地步，往往需要经过长时间的历练，因此大多数人都半途而废。但是，如果他们经受住了这些考验，就会像新闻工作者戴维·哈伯斯塔姆说的那样："你可以从他们的声调里听出、从他们提要求的态度中感受到他们的领导魅力，你一定不想让他们感到失望。"他们的魅力是那些只懂得颐指气使的领导无法企及的。如果你能学会用心去领导，你就会产生一种真正的使命感与发自内心的自信。

第5章

用手：发挥倾听和谈话的扩散效应

USE YOUR HANDS

当你厉声斥责一位没有按时保质完成任务的员工后，你的再三道歉能弥补对他造成的伤害吗？

你往往自以为是地觉得员工的工作动力与目标应与你保持一致的节拍，如此，人尽其才的优势在哪呢？

你用一句话表达了一个准确无误的信息，但在下属执行的过程中，你的本意却被篡改得面目全非，曲解缘何而生？

TOUCHPOINTS

天才就是1%的灵感加上99%的汗水。

人际触点不是一个抽象的概念，而是现实存在的。因为它建立在真实的人物、特定的事件和确凿的时间基础之上。因此，每当人际触点产生时，你不但要做到头脑清醒、内心真挚，而且要有充分的能力接受机遇和挑战。如果你能在每一次人际触点中不断完善处理问题的技巧，你将从中受益匪浅。

每次遇到参加过高管培训的学员时，梅特都会问对方："当这里的学业结束以后，你感触最深的是什么？"

埃德是一家商业组织的总经理，旗下有2 500余名员工。最近，当梅特问起埃德这个问题时，埃德先是笑了笑，然后回答说："当一名领导真的很难，很难！"接着，他又补充说道："离开高管培训班以后，我感触最深的就是，每天晚上回想一天的工作时，我就会觉得自己还可以做得更好。不过，偶尔也会有那么一天，我觉得工作上一帆风顺，并对自己说，'今天我干得不错。'每当这时，我就会在家中搞砸别的事。"

也许埃德说的没错，要把握好工作中所有的人际触点的确很不容易。每一位杰出的领导者都会像埃德那样不断鞭策自己，会竭尽

Developing the skills so that
you can be proficient in TouchPoint
after TouchPoint requires continuous practice.

所能地不断增加“一切顺利”相对“我搞砸了”的比例，他们深知，要想达到这个目标，就必须坚持不懈地实践。

领导者的标签：善学习、勤练习

如果你刚刚踏入大学校门，梦想将来能在某个跨国企业出人头地，你打算学什么？掌握一口流利的外语，在数字传媒领域有所建树，或者是别的什么？我们生活在错综复杂又不断变化的环境中，谁也无法准确地预言20年后你将会需要什么样的本领。

正如查尔斯·达尔文所观察到的那样，环境突然发生剧烈变化时，能生存下来的并非是最强大、最聪明的物种，而是适应能力最强的物种。同样的道理，只有那些最善于学习的人才可能成为卓尔不群的领导者。这与《世界又热又平又拥挤》(*Hot, Flat, and Crowed*) 作者托马斯·弗里德曼强调的概念一样：当今世界，最重要的能力就是学会如何学习。

要想真正学到东西，就必须从自身的能力和兴趣出发。无论你是渴望超越他人，成为同龄人中的佼佼者，还是梦想成就自己，充分发掘自身潜力，只有当你对某一个目标产生真正的热情并且孜孜不倦勤加练习时，你才能获得更显著的学习效果。

案例分享

日复一日、年复一年，成就史上最伟大冰球赛手

韦恩·格雷茨基被加拿大人誉为史上最伟大的冰球手，而

实际上，在所有冰球运动员中，格雷茨基既不是最强壮的，也不是速度最快的。格雷茨基也曾坦言，他的过人之处在于，“冰球即将溜到哪里，我就能滑到哪里”。

许多人认为格雷茨基出奇制胜的冰球技巧是与生俱来的，而实际上，从孩提时代起，格雷茨基就开始冰球训练了。那时，每次收看电视上的冰球比赛，他爸爸都会给他纸和笔，让他跟踪记录下冰球的运动方向。比赛中场休息时，他们俩就会参照格雷茨基记录的内容对这场比赛的模式进行分析探讨。这虽然是一项简单的训练，但日复一日、年复一年，格雷茨基培养出了令人难以置信的方向感，以及对冰球比赛的准确直觉。

同样，只有通过反复练习，我们才能在每一次人际触点中准确快速地把握对方的需求。车祸后躺在医院里的道格拉斯亲身体验到了这种感受。道格拉斯发现，每一个进入他病房的护士都会按照规则询问他的病情。“每一个走进来的护士都会问：‘你还感到痛吗？’然后她们会告诉我如果把痛感从 1 ～ 10 分级，我现在所处的是第几级。无论我的回答是什么，她们总真心诚意地对我的感受表示关注，因为她们希望了解我现在的病情，以便对我进行有效的帮助。”

“不过，有时我也会遇到一些经验不足的护士。她们虽然也会问同样的问题，但从她们的眼神里可以看得出来，对于我的回答，她们感到十分紧张。就好像如果我说感觉不好，她们就不能确定是否能妥善处理一样。由于缺乏经验，每当她们问起我的身体情况时，看起来反而不像是在询问我，而是在考验她们自己。”

就像格雷茨基一样，作为领导者必须经过反复的训练才能具备应对任何挑战的能力；同样，就像道格拉斯所遇见的那些护士一样，只有平时训练有素，才能表现得更加自信。**因此，要变得胸有成竹、得心应手、处变不惊，你就必须花费大量时间和精力勤加练习。**

沟通是一门技术，更是一种挑战

人际触点的关键在于进行沟通。而对接二连三的突发事件，要在第一时间了解事态并且占据主动，你不但需要具备非凡的理解力，以便在短时间内迅速把握对方的意图，而且需要良好的表达能力，以便让对方清楚地了解你的观点。

我们一直在讨论有关沟通的问题，那么沟通的含义究竟是什么呢？如果有些领导者对你说，“这么多年来我学到的技巧就是，你必须沟通，沟通，再沟通！”他们的意思往往是指，他们希望更迅速广泛地传播想要表达的信息。但实际上，真正的沟通绝不是像收音机那样反复播放自己的观点，这只是对沟通的一种极为狭隘的理解。我们知道，“沟通”一词最早来自于拉丁语“communis”，其本意是指在两者或者更多人之间存在着某种共通之处。因此，在每一次人际触点中，所谓沟通就意味着进行交流的双方对于所处的状况、未来的目标以及完成目标的方式达成某种共识。**要获得这样的沟通效果，我们不但需要思维清晰、表达到位，还需要学会仔细聆听。**

领导者面临的挑战在于，他们总在众目睽睽之下，以其拥有的权力影响他人的前途，因此他们在每一次人际触点中的表现就可能引起无心的连锁效应。经历紧张忙乱的一天后，埃德深刻地体会到了这一点。

案例分享

关上沟通的大门，只会留下无尽的懊悔

那一天，埃德不但要处理手头几件紧急的事情，还要向CEO做一次非常重要的部门汇报，并且讨论他所在部门的最新营销计划。在此之前，埃德已经把营销计划事宜全权交给了部门里负责创新项目的卡罗尔来领导。虽然埃德知道这项任务对卡罗尔来说是一种挑战，但对于卡罗尔的能力和才华，他还是有信心的。

当天下班时，卡罗尔走进埃德的办公室，想和他谈谈最新的营销计划。“我原本以为，她已经把自己的想法形成文字，这样我们就可以拿着材料进行讨论。”埃德说。但卡罗尔并没有这么做。“所以，我突然大为光火，并对她厉声斥责，要求她拿出一些能看得见的东西。当时我真的感到很失望，也非常生气，但我觉得她早就应该想到这一点。卡罗尔也看得出来，我正在气头上。”

“接着，我对卡罗尔说：‘看起来我们已经比原先的计划落后了一大截，而且我现在没有时间讨论这些问题。’这些话一出口，我就看到卡罗尔的神色大变，她的肩膀也好像无力地耷拉了下来。我知道自己肯定犯了一个大错。”

对于刚才发生的事情，埃德非常懊悔。卡罗尔满怀希望来向他寻求帮助，但他不仅没有对她给予帮助，反而打击了她的自信心。事后，虽然埃德再三向卡罗尔表示歉意，但他也很清楚，卡罗尔很可能要相当长的一段时间才能重新找回自信。因为，人们的自信心往往极其脆弱。

上面这个例子中，埃德和卡罗尔之所以会产生误会，除了埃德的处理方式不当以外，还因为埃德就任该部门的主管只有短短4个月的时间，他和卡罗尔彼此不够了解，而他们之间的信任程度也还没有达到能进行清晰交流所需要的水平。

在平等中建立互信，在互信中实现互惠

沟通发生在两个或更多具有某种联系的人们之间，因此越早建立人际关系，你们之间的沟通就越发简单顺畅。然而，要想与对方建立真正的联系，你就必须把人们看做是与自己地位平等的个体，而不是下属、随从或者雇工。同样的道理，当你希望能对上级产生影响时，在每一次人际触点中，你就必须透过对方西服革履的外表，超越对方“顶头上司”或者“副总裁”的职位，把他们当做像你一样的普通人来看待。在人际交往中，每一个人都有处理事情的先后次序和关心的事情，也有不同的希望和梦想。

要与对方建立联系，你就需要花时间和他们进行交谈。你可以了解他们的情况，倾听他们的故事，发现他们的动力是什么、真正

看重的是什么、什么事情会让他们引以为傲或忧心忡忡。人们在潜意识中总有一种自以为是的假设，所以会觉得其他人前进的动力和我们的应该毫无二致。然而，人和人之间存在着巨大的差异。**只有当你清楚地了解对方的价值观时，你才能更有效地影响对方，以及更迅速地获得对方的信任。**

了解下属，也让下属了解自己

马克是一家跨国公司在亚太地区的负责人。很长时间以来，马克一直认为其他人努力工作的原因和自己一样。在一次非正式战略会议上，主持人问起马克所在团队的每一位成员的工作目标。当听到每一位下属对这一问题的不同回答时，马克不禁大发感慨："天啊，我真的想不到，这些原因也能成为他们每天辛勤工作的动力！"他发现，不是所有人都像他一样希望创造突破性的销售纪录和超额完成营销目标。对于有些人来说，他们工作的目标远非如此。

意识到这一点以后，马克很快就转变了工作方法。他发明了一种新的沟通方式，并将其称之为"关于个人目标的开放式问题"。比如说，马克会轻松随意地发起一次谈话，他会首先告诉对方他热衷于提高领导能力，接着谈起他为什么喜欢现在的工作，然后才转问对方："说说你吧，你是怎么看的呢？"在人际触点中，马克懂得了人们之间存在着巨大的差异，而这一认识也成了他在工作中知人善任的重要前提。

You learn faster when you have a genuine passion for the topic and a fierce commitment to practice.

建立人际关系不仅能让你人尽其才，还能帮助你了解员工的优点，从而发掘他们的潜力。

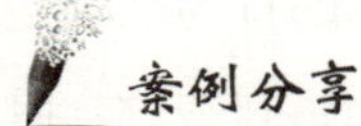
案例分享

知人方能善用

帕姆是一家全球培训和发展公司人才开发部的负责人，她手下设有8个部门主管。当马库斯·白金汉和唐纳德·克利夫顿的畅销书《现在，发现你的优势》(*Now, Discover Your Strength*) 刚刚出版的时候，她对所在团队的几名主管表示，她可以送给他们每人一本，前提是每人必须画一张图表，上面贴上自己的照片，并写上名字，然后列出他们具有的5项优势。最后，帕姆会把图表贴在办公室墙上，供所有人观看。几名主管同意了这个提议。

把图表贴出来后，帕姆每次召开工作会议之前都会请一名主管介绍一下在他看来其他人都有哪些优势。此外，每当要布置工作或者分配任务时，帕姆都会说："让我们来看看各自的图表。谁在接下来的工作中更有优势？"这样一来，这些项目主管对手上的工作顿时感到信心倍增，因为他们知道他们正在做最擅长的事情，并且能从这些工作中得到他人的赞赏和肯定。

上述这些实践活动看似不足为奇，但是却能充分利用每一次人际触点中所蕴含着的神奇力量和巨大潜力。

只有当你对某一个目标产生真正的热情
并且孜孜不倦勤加练习时，
你才能获得更显著的学习效果。

除了聆听他人的故事和发掘他们的特长之外，作为领导者还需要对员工们不同的价值观了如指掌。因此，你不妨开诚布公地告诉人们，你为什么会选择从事现在的领导工作，以及你的行为准则是什么。与此同时，你还可以坦率地说出什么事情让你感到苦恼，以及你需要他们怎样的帮助。

当你刚开始试着与他人开诚布公时，你可能会感到尴尬，因为向他人展示真实的自我会让你觉得自己很脆弱。即便如此，你仍然要努力尝试。还记得我们在第 1 章里谈到的丽莎吗？作为公司的副总裁，丽莎领导着一个极具创新精神的团队，为了让同事们清楚地了解自己的为人，她特意安排了一间办公室，所有的团队成员都可以在此敞开心扉、畅所欲言。这样一来，她与同事之间建立起了一种更密切的合作关系。我们不妨把这种做法称作“勇于表达自我”。

要想对他人敞开心扉，就必须勤加练习。在金宝汤公司的高管学院里，每个部门的负责人都要先进行两天的反思，随后分成小组，在小组内向他人谈论内心的感受。对很多人来说，这是他们第一次有机会向同事谈起自己为什么热爱这份工作，以及自己的行为准则是什么。

在某个小组成员发言以后，其他成员都必须就如下问题进行反馈：这个人现在给你的感觉与他此前留给你的印象是否一致？他的感情是否真挚？他所说的话是否真实？通过这种交流，我们发现组员之间的关系发生了明显的变化：所有参与培训的部门领导开始形成一个真正的团队，他们彼此之间建立了某种更密切的联系，并能相互鼓励、相互帮助。

To make real connections,
you need to see the others as people
instead of as subordinates, followers, or hired guns.

如果向团队敞开心扉会让你觉得非常局促，不妨找到一种你喜欢的方式来进行自我表达。比如，你既可和喜欢的人坐在一起聊天，也可以到好友那里倾诉衷肠，或者向一名指导教练咨询。你可以向他们解释你想从事领导工作的原因，让他们知道这份工作对你来说意味着什么。在与他们完成了这次谈话以后，你可以试着向某位同事或者几名团队成员再说一次。随着你的自信心越来越强，你与对方之间的关系也会变得越来越密切。

诊治“注意力缺失症”

作为领导者，你能做到的最有效的事情就是学会倾听。但是，要真正学会倾听谈何容易。大多数领导者更加倾向于采取行动，如果让他们停下手中的工作去倾听别人谈话，他们会觉得什么事情也没有做。在当今时代，他人的打扰可谓无处不在，因此倾听就变得尤为困难。人们已经对身边各种各样的刺激习以为常，所以很多人都患上了注意力缺失症（ADT，attention deficit traits）。其结果是，当我们试图集中注意力去倾听他人的谈话时，可没过多久，我们的思维就开始四处游离，手也会不自觉地伸出去，拿掌上电脑。

然而，在每一次人际触点中，如果你想全面具体地掌握事态的发展情况，就要学会在倾听过程中既用脑，又用心。否则你就无法准确把握对方问题的关键点，其结果不仅会浪费双方的时间，也无法从根本上解决问题。

对于领导者来说，真正的困难在于，如果他们熟知某一问题，

就会想当然地认为对方所谈的问题就是他们所熟悉的内容。在听对方谈论了一两分钟之后，他们也许还没有完全了解整个事件的来龙去脉，就已经在脑海中形成了一个固定的解决方案。这样一来，他们不仅错失了在第一时间正确解决问题的最佳契机，也浪费了向他人学习的宝贵机会。因为对于整个组织的某一方面，来找你交流的人很可能比你了解得更加清楚。

因此，要明智地对自己的时间和精力加以利用，你就要学会用脑思索事件的来龙去脉，用心灵去感受对方的喜怒哀乐。在人际触点中，如果你能认真倾听来自四面八方的声音，你的举动就会产生巨大的扩散效应。

用头脑倾听。这意味着你要捕捉对方话语中引发每一次人际触点的所有证据，比如事实、数据、行为、事件以及谈话的内容等。

大多数人际触点涉及的都是能就地解决或者有现成的处理方式的事情。这种情况下，你所要做的就是接收信息，认清对方的需求，并且满足对方的需求。

但涉及的问题较为复杂时，你就必须给予对方更多时间，以便让他描述清楚事态的发展情况。这时，你一定要尽量尊重他们的时间表，而不是催促他们尽快把问题说清楚。关于这一点，你不妨按照下面的方法进行一项小练习。当有人正在向你解释某件事情，而你脑海中却突然跳出几点建议或者产生某种疑问时，就咬住舌头！然后，在你开口讲话之前，可以问问自己：我想说的话对眼前这个人究竟有没有帮助？

有时，适当进行一些量化分析，有助于更好地弄清问题的现状。

即使是在处理一些较为主观的问题时，比如遇到了一个情绪激动的客户或者在人际关系方面遭遇不顺等，你都可以将眼前的事态划分为几个等级。你可以问自己："假如分10个等级的话，那么目前的状况应该属于第几个等级？"这种办法能帮助你对出现的问题做出更加客观的判断，从而进一步做出合理的回应。

在处理复杂的问题时，你不妨采用以下的办法来帮助自己分析情况。首先，不要想当然地认为你已经了解事情的进展，也不要害怕提出某个看似愚蠢的问题，而是要认真理解对方想表达的真正含义。你可以问对方："关于这一点我不太明白，你能不能解释一下？""你能说得更明白一些吗？"或者，"你能不能再具体谈谈这个方面的情况？"你可以采用提问的方式鼓励对方做出更清楚的解释，以便更全面地掌握事情的真相。而上述这些问题既能帮助你更深入地了解情况，又不会显得过于缺乏耐心。

用心灵倾听。这意味着你在每一次人际触点中都要用心倾听，做到感同身受。你不仅会了解他人的内心感受，还会理解他们之所以采用某种表达方式的原因。这意味着，你不仅要倾听他们的语言，还要观察他们的面部表情、体会他们的语音语调、注意他们的肢体语言，因为这些都会透露出他们的内心情绪究竟是兴奋、紧张、不安、犹豫、决绝还是自信。

你可以把对方描述的事情按紧急程度划分为红色、黄色和绿色三种，从而帮助你在人际触点中设定合适的情绪基调。比如，在遇到不同的交通信号灯时，你会做出不同的表现：红灯亮时你会停下来，黄灯亮时你会准备慢行，绿灯亮时你会安心地过马路。同样，

你可以在每一次人际触点中为自己设定不同的“信号灯”，从而更轻松地为将要采取的行动做出决定。

信号灯为红色时：在人际触点中，当另一方表现得暴躁愤怒，对你的提议表示反对时，或者当他们显得异常怯懦，避免与你发生目光接触而欲言又止时，你就应该停下正在做的事，开始认真倾听。此时此刻，你要做的就是找出究竟发生了什么情况。

如果他们有不同的意见，或者反对你的某个建议，那么你要努力弄明白他们反对的原因。也许他们担心你将要做出的决定会不利于他们正在从事的工作，也许你的计划触及了他们的原则和底线。不可否认，你可以利用身份和职权压制他们反对的声音，或对他们的意见听而不闻，迫使他们达成妥协。但要注意的是，这种方式换来的妥协也许会让你在短期内工作顺利，但从长远来看，他们还会发自内心地为工作做出贡献吗？

此外，有时我们之所以会感到某个人际触点处于红色警戒状态，也许仅仅是因为我们处于愤怒或者消极的情绪当中。当我们不假思索地说出某些不明智的话，比如“哭吧哭吧，哭就能帮你解决所有问题了吗”，或者当我们像梅特的老板那样厉声断喝，“你要是干不了，我就找个能干的人来”时，你要做的就不是了解对方的感受，而是首先控制好自己的情绪。

信号灯为黄色时：在人际触点中，当人们表现出怀疑的态度，对某个东西产生了疑问，或者对如何处理眼前的状况感到犹豫不决和顾虑重重时，你最好先不要插言，而是仔细聆听对方的想法。如果你能给人机会表达清楚他们真正担心的究竟是什么问题时，你们

Building relationships also helps you get to know people's strengths and uncover their potential.

就能共同找出更多行之有效的解决办法。

在双方相互交流的过程中，有时你可能会观察到对方的情绪忽然从心情愉悦的“绿色”变为犹豫不决的“黄色”，这可能是由于你对于如何完美地解决问题本身更加重视，而忽略了对方作为参与者的重要性。

比如说，对方突然想到了一个很好的主意，并对此非常激动。而在你看来，这个主意虽然不错，但可以更完善一些。这样一来，当对方感到兴奋不已的时候，你却开始就如何让这个主意变得更加完善而高谈阔论。然而，你“改进”得越多，对方就会越觉得这个提议已经不是他的了。此时，你不妨问问自己，究竟是一个更完善的解决方案重要，还是参与者的积极性重要？

信号灯为绿色时：绿色意味着你们之间的沟通非常顺利，因此你和对方可以继续深入探讨。在这种情况下，你沟通的对象往往会表现出好奇、认真和自信的情绪，或流露出希望继续讨论的兴趣。但是，绿色信号灯却并不意味着你可以停止倾听。实际上，对方的情绪越是高涨，你越要耐心聆听，因为此时他们往往会希望自己能提出更好的观点或承担更多的责任，所以最好把表达的机会留给他们。

假如团队中的每一个成员都来自不同的文化背景，我们就要尤为注意。在人际触点中，即使对方是你所熟悉的人，或者和你有着相似的经历，你们之间要进行顺畅的沟通也有可能是十分困难的；如果双方具有不同的文化背景，要体会及回应对方的感受就更是一个挑战了。虽然大多数人都明白这个道理，但在与不同文化背景的人们共同工作时，人们还是会在很多微妙的细节上出现失误。

例如，梅特最近正在与一家公司合作，这家公司是美国和丹麦的合资企业，主要为服务行业提供各类商务软件。虽然美国和丹麦在文化上有很多共通之处，但也不乏显著的差异，譬如人们对待权力的态度。丹麦是世界上倡导平等主义呼声最高的国家之一，因此丹麦人对上级或者权威很少表现出格外的尊敬。在上司解释某个提议时，美国人会毕恭毕敬地倾听，而丹麦人往往会提出很多问题，并且希望能掌握问题的决定权。对于一个丹麦上司来说，讲话时被人打断是一件司空见惯的事情，但美国上司则会将对方的这种行为理解为缺乏尊重。因此在人际触点中，当你感到信号灯转为黄色时，不妨放慢脚步，首先弄清楚对方如此表现的真正原因。

正如前文所说，在每一次人际触点中，你的行为态度不但会直接影响到下属，还可能会在无形中间接影响到一系列相关人员。你与某人或某群体的每次交谈都可能是此前多个人际触点相互作用的结果。**要全面准确地了解目前的情况，你就必须考虑到此前所有的相关人员，聆听所有相关事件，即使是已经得到处理的事情。从这个角度讲，你需要耐心，并集中精力注意倾听。**

你不妨通过下面这个练习来全面快速地掌握情况。当人们约定在某个时间与你讨论某个重要的问题时，你可以让他们提前准备好下列问题的答案，比如："问题出在哪里？""这个问题会影响到哪些人？其原因何在？""是人们的哪些行为方式导致了这个问题的发生？""人们为什么会做出这样的行为？"在与他们展开讨论之前，不妨先花上 8 ~ 10 分钟，让他们把问题以及想法陈述清楚，不要打断他们。

如果你能按这种方法开展讨论，你就会发现，只要让在场的人们有机会各抒己见，你就能在短短的几分钟内了解很多内容。在他们讨论时，你一定要仔细倾听，等他们发言结束以后，你可以先简单地做个总结，然后再征求他们的意见，“我的理解正确吗？”一旦你掌握了整个事件的来龙去脉和症结所在，你就能迅速找出解决问题的办法。

对于大多数领导者来说，他们需要面对的挑战就是，员工们往往善于把握上司的情绪变化，但上司却很难理解他们的心情。当经济状况趋于低迷，有关裁员的谣言漫天飞舞时，这个问题就会变得尤为突出。把握员工们的情绪动向，一定要走出办公室，比如经常到公司的餐厅吃午餐，或者向你所信任的几个员工进行打探。总而言之，要尽可能多地与普通的工作人员进行接触，只有这样你才能真正了解他们的所思所想。

案例分享

CEO 为什么故意走路上班？

在 2008 年经济危机期间，道格拉斯就是这样做的。那时候，几乎每天金宝汤公司里都会传播一些关于裁员的消息，每个人心中都充满了恐惧和忧虑。道格拉斯有着非常健康的生活方式，数年来他一直坚持走路上班。为了了解公司员工的情绪状况，道格拉斯巧妙地利用了他这一锻炼方式。他买了一双运动鞋和一个计步器，然后定期在办公大楼的周围散步，并且定下了每天走 10 000 步的计划。

刚开始，当人们看到他们的CEO出现在装货的码头或者走到办公室门口和他们打招呼时，都纷纷露出惊异的神情。但没多久，他们就习惯了道格拉斯的这种活动，并且自然而然地和他谈论起他们最近的状况和想法。

这一举动不但为道格拉斯了解员工的动态提供了很好的契机，而且在无形中也向所有的员工传达了这样的信息："我就在这里。""我会和你们同舟共济。""一切都会好起来的。"

说出肺腑之言，信息就不会产生偏移

在每一次人际触点中，你既要学会用心去说话，也要学会用头脑去交谈。只有当你表现出发自肺腑的真心诚意，人们才会愿意与你交谈；也只有当你的谈话充满智慧、鞭辟入里时，人们才能对你表示理解。除此之外，**你还需掌握谈话技巧，充分发挥其扩散效应，从而使处于不同阶层的员工都清楚你想表达的意思。**

然而，要达到这种境界谈何容易。在我们开口说话之时，我们总是理所当然地认为自己已经非常清楚地表达了意思，我们总是认为自己已经准确地排除了所有可能存在的歧义。

为什么我们会产生这种想法呢？我们当然知道自己在说什么，但是直到我们发现其他人对我们的意图产生了误解时，或者当事情没有按照我们的预想发展时，才会恍然大悟，原来我们的表达并没有想象中那样清晰。道格拉斯就曾经遇到过这种情况。

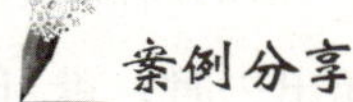

案例分享

总裁本意被篡改得面目全非

对于即将动工的新办公大楼，道格拉斯非常期待。他告诉大楼的工程小组，希望新大楼建成以后，大楼的餐厅里一定要开一家世界顶级的汤品馆，作为全球领先的汤业公司，这一定会让金宝汤的品牌更加声名显赫。在与工程小组进行过这次沟通以后，他就忙着去做其他工作了。如果当时道格拉斯的头脑足够清醒的话，他就应该对这件事情的进展予以跟进，但是他却没有。几个月后，当道格拉斯问起工程小组的工作进度时，他们胸有成竹地答道："别担心，汤品馆一定会严格控制在预算之内。"

"严格控制在预算之内？"道格拉斯感到满腹狐疑，"我从来没有说过任何有关预算的问题。"等到这一天结束以后，道格拉斯才明白究竟发生了什么事情。这件事情的过程就像孩子们的游戏一样：首先站成一圈，第一个人小声地对第二个人说一句话，然后由第二个人把他的话接着传给第三个人，依次下去，当最后一个人再把这句话告诉第一个人时，这句话早已被篡改得面目全非。

可想而知，道格拉斯关于打造世界一流汤品馆的豪言壮语是怎样变成严格控制预算的谆谆告诫的。当道格拉斯告诉工程小组他对汤品馆的设想后，某位副总裁可能会把他的这一设想传达给了金宝汤的某个员工。他可能会说:“我们要建设世界上首屈一指的汤品馆，但一定要控制在预算之内。”而当这一信息再次被传递出去时，就可能已经变成了“我们一定要保证质量,但是预算也极为重要”。最后，当这个消息传回道格拉斯那里时，它就从“建设全球顶尖的汤品馆”变成了“在预算允许的范围内建设一家高质量的汤品馆”。事情到这地步让道格拉斯措手不及，只好亲自出面补救，并修改预算。从这件事中我们可以看出，信息传达出现误差，并不是因为道格拉斯不知道如何清楚地表达自己的观点，而是没有与同事们进行明确的交流，也没有着重强调自己的观点，才让误解一直发展下去。

正如道格拉斯的亲身经历诠释的那样，**在每一次人际触点中，最重要的事情就是要明确地告诉对方自己的期望。**这看起来似乎是一件非常简单的事情，但我们却总是忘记去做。我们总是理所当然地认为人们已经明白自己的目的，所以不愿意再去设法确认，他们是否真正领会了我们的意思。

当领导者的意图没有清晰明确地传递到位时，人们就会按照自己的理解来执行。比如，在上面提到的这件事中，人们就是根据自己对“保证质量”的理解来制定大楼的质量标准，或自行揣测“在合理的时间内”到底是什么意思。此外，人们还要思考他们需要以怎样的方式来各司其职。不难想象，在此过程中，大家的设想就渐渐偏离了道格拉斯的本意。如果人们对道格拉斯的意图产生了错误的理解，就无法达到他原来预想的目标，最终他们都会感到不满和挫败。这不但会浪费双方宝贵的时间，而且还会严重打击员工的自信心和积极性。有时候，人们甚至需要为此付出更高昂的代价。

当你想让人们全心全意参与到某项工作中时，你首先要与他们建立牢固的人际关系。你对他们的需求越强烈，这种人际关系就要变得越坚韧。

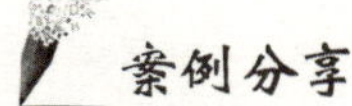

案例分享

改变偏见，事情会有另一番转机

安迪是一家信息技术公司的副总裁，他正在负责一个致力于缩减企业成本的大型项目。要实现这项工作的最终目标，他必须与成千上万个性不同的人发生各种联系。过去安迪一直认为，工作和人际交往是两件毫不相干的事情，而他也把这一观点归结于从小所受的英式教育。但后来安迪逐渐意识到，这个偏见极大地影响了他的领导能力。

为了改变现状，安迪决定强迫自己放弃根深蒂固的个人偏见。在此之前，在与高层管理人员进行交流时，他总是言简意赅，公事公办，毫不涉及私人情感。但是现在，安迪希望花更多的时间培养和高管们之间的人际关系。他开始越来越多地关注工作对同事们的影响。有时候，他甚至会说："虽然我们还没有找到所有问题的答案，但是我们有理由相信，这是一个极为有利的机会。"他也会告诉同事："虽然不能确定我们现在的工作方向是否正确，但对于各位的辛勤付出，我真的十分感激。"

安迪一改以往冷漠刻板的工作作风，开始和同事们讲述目前的工作对于自己、对于整个企业乃至公司中每一个人的

意义。“和他人建立联系的确要花更多的时间，但是我却因此受益良多。因为和同事的关系变得更密切，我们经常能够提前完成目标。此外，由于大家通力合作，很多在从前需要事后补救的问题，现在我们提前就能够予以解决。”

在领导大型创新项目时，最大的挑战之一就是如何调动工作人员的积极性，让他们主动投入到变革中去。你必须学会发自内心地与他人进行交流，并且用自己对工作的激情感染身边的每一个人。

在金宝汤公司的高管学院，我们的客座教授鲍勃·戈登专门为此设计了一种训练，以帮助人们学会如何用心与他人交谈。这种训练非常简单，你可以找到一篇诸如《葛底斯堡宣言》那样的经典演讲辞，然后请一位同事帮助你进行练习。

首先，你可以对同事朗读范文中的几个句子。在朗读时，你可以设想听众不是一个人，而且一大群人。然后，请你的同事站在距离你两米远的地方，告诉他你将富有激情地再次朗读同样的句子，并且希望能够打动他。你可以告诉同事：“每当你觉得我的演讲感染你时，请你上前一步。反之，你就后退一步。”接着，你可以开始练习演讲，直到对方不断向你靠近，并最终来到你的身边为止。

如果你已经能通过朗读打动人心，你就可以试着阐述一下自己的领导模式或者当前的某个项目，看看自己是否能够感染他人。随着你的演讲变得越来越诚恳真挚、收放自如，你会发现你和听众在瞬间建立起来的联系变得更加牢固。人们不仅会更加清楚你的为人和立场，而且会对你更加信任。

In some cases, you may need to dive into the data to figure out what is going on.

在当今时代，他人的打扰似乎无处不在，因此我们所遇到的人际触点也变得越来越频繁，越来越简短。人们之间的交往也越来越快捷和迅速，某个人花上几秒钟，就可以发送短信给位于另外一栋大楼的同事，而他们所传递的信息很快就会尽人皆知。**正因为如此，现代管理者们无论是在与他人进行面对面的交流，还是文字交流，都必须具备高效的沟通能力，既要懂得倾听，又要善于交谈。**

案例分享

小小短信，将鼓励和温暖传遍全世界

对于道格拉斯来说，进行高效沟通的方法之一就是每天给 10 ~ 20 个同事写短信，而短信内容有时是对下属所做的贡献表示感谢，有时是欢迎新同事的到来，有时是对某个同事的升职之喜表示祝贺，有时是与员工一起分享公司取得的成就。虽然他的短信只是写给某一个人，但收到短信的人会兴高采烈地与其他同事分享。几年下来，道格拉斯通过这些短信与成千上万的员工建立了牢固的人际关系。这一举动看似微不足道，但是却给无数人带来了鼓励和温暖。澳大利亚分公司的质量管理部经理就经历了一次这样的感动，收到短信后，她吃惊地发现公司的 CEO 不仅知道她刚刚成为公司一员，还对她的到来表示欢迎和鼓励。更为可贵的是，道格拉斯甚至不惜专门抽出时间来给她写信！通过这些小小的短信，道格拉斯巧妙地将一种积极向上的态度扩散到了全世界各地的分公司。

在有些情况下，
适当进行一些量化分析，
有助于更好地弄清问题的现状。

另外一个能感染他人的有效途径是，抛开预先设计的内容，多给听众讲一些生动的故事。这也是在一次为期 4 天的培训中，潘朵拉唱片公司的管理者们所学到的沟通技巧之一。公司的股票上市后，公司发展一路势如破竹，如何使原有工作人员和新增员工都能接受公司统一的核心价值观成为管理者们亟须考虑的问题。这就要求所有业务部门的主管不但要带头拥护企业的核心价值观，还要通过讲故事的方法使其变得生动感人，以便感染所有的员工。为了便于理解和记忆，他们将企业的价值观分别用三种不同的动物表达：长颈鹿，代表高瞻远瞩、心怀世界；狮子，代表个体发展和团队协作；大黄蜂，代表克服困难、勇往直前。每位部门经理都要使用这三种动物形象进行比喻来介绍公司的价值理念。如果你所讲的故事非常有趣，人们就会将它铭记在心，并且互相传播。

要充分发挥谈话的扩散效应，我们需要注意的不仅是遣词造句，还要注重统一的行动。如果整个管理团队的所有人都采用同样的行为，这一行为就能传达出强烈的信息。

案例分享

邀请“对手”共进午餐，其意不言自明

芬兰广播公司（YLE）就是用这个方法成功传播企业文化的。YLE 公司在芬兰可谓家喻户晓，相当于英国的 BBC。近几十年来，为了避免单一政党对媒体的控制，公司经历了数次结构重组，并且有意将行政领导层划分为不同小组，通过各个部门的相互竞争而进行制衡。然而面对数字媒体的冲击，YLE

公司必须迅速行动起来，团结一心以更好地服务芬兰民众。但现在的问题在于，由于整个公司的人员组成一直没有发生太大变化，部门主管之间长期存在分派别的现象，员工对整个管理层也普遍缺乏信任。因此，公司急需改变人们各自为阵的心态，从而让所有员工齐心协力地为公司的整体发展并肩作战。

梅特就是在这样的背景下开展工作的。每个季度，梅特都会专门抽出一天时间，召开一次非正式的工作会议，以帮助高层主管解决一些关键性的领导问题。在每次会议结束时，梅特都会给他们布置一个看似简单的小任务："在接下来的3个月里，你们需要找个时间，分别邀请3个从前和你势不两立的'对手'一起共进午餐。地点就在人来人往的公司大楼餐厅，最好让每个人都看到你们。"这个举动虽小，但是当人们看到自己的主管纷纷捐弃前嫌时，顿时明白了其中的寓意。

多沟通多努力，没有捷径只有技巧

人际触点的难度越大，风险越高，就越需要高超的交流技巧。在众人急需你来解决某个问题或者处理某个事件时，你既需要表现出帮助他们的决心，还要体现出驾驭问题的能力。达到这样的水平，必须经过持之以恒的锻炼。

《剑桥专业与专家表现手册》（*The Cambridge Handbook of Expertise and Expert Performance*）的作者K.安德斯·艾瑞克森、迈克尔·J.普利图拉和爱德华·T.考克里在他们的著作中强调，要在所在领域内做到出类拔萃，不但要拥有极为强大的动力，还需要坚韧不拔的毅力。他们在书中写道："发展专业能力，需要奋斗、牺牲和坦诚，还要经常痛苦地自我评估，没有捷径可抄。"他们的调查研究表明，要想在某一方面有所建树，一个人至少要进行 10 万小时的刻苦练习。

我们不妨反躬自问，自己能否做到得心应手？能否态度坚定地沟通，如发出明确的指令，决定前进的速度，为公司发展扫除障碍，或者责成某人承担责任？与此同时，能否充满温情地与他人进行沟通，比如激励员工、体恤下情，或者在做决定时考虑到对他人的影响？无论是上述哪一种风格，只有勤加练习，你才能为他人指点方向和提供帮助，并在坚持原则和予以回应时驾轻就熟、挥洒自如。

为了保证能够立于不败之地，各行各业的出类拔萃者每天至少要花 3 个小时进行练习。如果你很难每天抽出 3 个小时，至少可以选择某一项技巧，在接下来的 1 周内反复练习。比如，你可以统计自己在每次会议中主动发言的次数，以此强迫自己学会倾听。再如，你可以选择在认真听完他人的发言后，试着用简单的几句话概括他们刚才所谈的内容，以此锻炼倾听的技巧。

在练习过程中，不要因为你表现比他人逊色而忧心忡忡。相反，要将注意力集中在你认为可能达到的目标上，经常将你的表现与这一目标相比较，从而不断提高领导能力。在人际触点中，你每向前推进一次，就会获得一点进步，提高一分自信。

此外，你没必要孤军奋战，而是可以借助他人的力量。为了帮助金宝汤高管学院的学员们练习沟通的技巧，我们向他们推荐了杰夫·科尔文的著作《哪来的天才：练习中的平凡与伟大》（*Talent*

An easy practice that can help you tune in to the feelings in a TouchPoint is to imagine the energy as being red, yellow, or green.

Is Overrated: What Really Separates World-Class Performers from Everybody Else）。随后，学员们被分成几个小组，每一个小组成员都要帮助其他组员设计一种可以拓展个人能力、挖掘自身潜力的行为方式，然后坚持训练、相互监督，其他人要及时对他们进行反馈，并记录他们取得的每一次进步。实践证明，这个方法效果非凡，你同样也可以在练习过程中寻求同事的支持或者教练的帮助。

就像埃德所说的那样，做一名领导者真的很难！但无论你的目标是什么，都必须经过长期刻苦的练习。只有这样，你才能在事情发生时胸有成竹、得心应手。无论遇到什么样的情况和什么样的人，这种自信都会让你的心胸更加开阔，技巧更纯熟，适应能力更出色。

第5章精彩回放

像小孩读完一本书获得成功的喜悦那样

温顿·马萨利斯是林肯中心爵士乐团的指挥家，他始终认为，纯熟的技巧不仅体现了对原作的尊重，而且反映了演奏者的认真态度。在他看来，音乐家如果不能掌握演奏技巧，就像运动员在生病时参加比赛一样，“不要总是在口头上说你酷爱某项运动。如果你真的喜欢这项运动，你早就开始发奋练习了。”[参见温顿·马萨利斯的著作《致一名年轻的爵士音乐家》(*To a Young Jazz Musician*)。——译者注。] 对于马萨利斯来说，热情固然是我们奋斗的内在动力，但是必须通过技巧加以呈现。

无论你是艺术界的知名演员，还是跨国集团的总裁，要真正掌握人际交往技巧，都必须兼具热情和毅力，并且勤加练习、不断实践。这必然是一个极为艰难的过程，但会让你受益终生。

你见过小孩子读故事书时的样子吗？她一定会聚精会神地盯着那本书，根本不会注意到自己的嘴巴已经张开，也不会意识到双腿蜷在了一起，而是一直保持这样的姿势继续读下去，慢慢地，她发现几个自己熟悉的字母，并且开始认出一些单词，然后能读懂一个句子，最后她终于读完一整本书。在读完以后，她看起来是那样兴高采烈，你也一定会为她感到十分欣慰。

实际上，谁都可以像读故事书的孩子那样获得成功的喜悦。

Sometimes the energy in a TouchPoint turns red
because we are feeling red ourselves.

这种喜悦不仅来自于对自我的挑战，还包含着最终突破自身极限的满足。其实，当我们下决心开始反复练习的时候，成功的喜悦就已经在不远处向我们招手了。

第6章

触点的重心：从“我”到“我们”，从“获得”到“付出”

MASTERING THE TOUCH

某知名唱片公司总裁10年前一直渴望成为众人关注的焦点，10年后他又渴望什么呢？

想在一次人际互动中完成多件事情，结果却往往适得其反，你是否忽略了某些更深层次的东西？

每天下班前，你是否会为自己留出一点时间反思一天之内发生的事情，并记录下来以作警醒呢？

你必须意识到，在整个领导过程中，最重要的人不是你。

在对潘朵拉唱片公司 CEO 米克尔·文德林·奥利森进行观察之后，梅特发现，他显然十分乐于从事领导工作。“如果是 10 年前，”米克尔对梅特说，“你肯定会看到一个截然不同的我。从前，我一直希望能够成为众人关注的焦点，我总是心想：‘看着我，看着我，看着我！’”

“那现在呢？”梅特问道。

米克尔回答，随着肩负的责任越来越多，他开始发现他更喜欢管理那些表现不佳的团队，然后带领他们逐渐走上正轨。“能认识并且充分发挥人们的潜力，真的让我很有成就感，”他说，“如果你已经依靠自己的力量获得了很多奖牌，接下来只有和其他人一起取得成功，你才会感到更加心满意足。”

8个字带给你的思考：“我能帮上什么忙吗？”

每一位领导者都有独特的风格。但是在把握人际触点时，有一

It is the millions of ordinary, everyday moments that ultimate shape your reputation. Mastering those begins with one simple question: “how can I help?”

点他们无一例外：当他们和其他人共事时，他们很少会想自己能得到些什么，而是自己能给予些什么。他们很少去问这个团体能为自己做些什么，而是自己能为大家做些什么。

领导艺术的重点不在于个人，而在于集体。在人际触点中，无论人们谈论的是你的问题、他们的问题还是大家的问题，从一开始你就可以反问自己，也可以直截了当地询问他人："我能帮上什么忙吗？"这样一来，人们就有机会发表观点、谈及顾虑和表达立场。这句话虽然只有短短8个字，但却能将问题的重心从你想沟通什么内容或者达到何种目的，转化为发现他人需要得到哪些帮助。

对于道格拉斯来说，尼尔·迈克卡纳只是简简单单地问了一句"我能帮上什么忙吗"，但这8个字不仅打消了道格拉斯的顾虑，而且从根本上改变了他的领导理念。

要想从他人的角度看待问题，并且竭尽所能地予以帮助，你不仅需要学会用脑、用心和用手，还需学会正确把握每一次人际触点。也就是说，你需要不断培养自己敏锐观察的能力。

如果你不仅具备精湛的领导技巧，而且拥有敏锐的观察能力，你就能迅速认清形势，找准最佳时机，恰到好处地做出回应。

案例分享

找准时机，不让冲动成魔鬼

安妮还记得她刚刚参加工作时，在某家私人证券公司负责人力资源和公共关系事务。她认为，无论问题出在谁的身上，都必须找准时机予以处理。

塑造你良好声誉的，正是日常生活中不计其数、普普通通的每时每刻。要想把握好它们，就要从一个简单的问题开始："我能帮上什么忙吗？"

“如果这个人刚刚获得了某项荣誉，而大家正在纷纷向他道贺，这个时候你绝对不应该走到他跟前，当着众人的面直言不讳地陈述你的纠正意见。”

安妮记得有一次，一个新手对大家做项目情况介绍。事情进展得十分顺利，“但是有些地方却处理得过于粗糙。当时最简单的做法就是立刻把他叫到一边，或者事后尽快给他发一封电子邮件，告诉他可以从哪几个方面改进。不过，我还是抑制住了自己的冲动，认真考虑了一下，怎样做才能真正帮上他的忙。”

几天以后，安妮不经意地“路过”这个人的办公室。“一开始我对他谈到，我们的团队能把项目推进到这个地步，我感到非常自豪，”她说，“然后，我又提到接下来就这个项目他还要再做5次情况汇报。于是我问：‘你认为自己还可以从哪个方面做出改进呢？我能帮上什么忙吗？’”

在这个人提出了一些问题以后，安妮与他进行了一番探讨，最终得到了满意的答案。“他认为自己胜券在握，显然也很受鼓舞，”安妮说，“他感到十分高兴，能为他提供帮助我也觉得很快乐。我相信，在下一次情况汇报时，他一定会表现得更加出色。”

如同在音乐中，根音、三音和五音可以构成一个完整的三和弦，发出美妙的旋律一样，在每一次人际触点中，如果你能够把握好三个要素：仔细倾听、界定问题和推进议程，那么即使某一触点转瞬

即逝，你也能够给他人提供最大的帮助。

一开始，你需要询问对方："我能帮上什么忙吗？"从而为以上三个要素做好铺垫。在这次人际触点结束以后，你还应该继续跟进，询问他人："事情的进展情况如何？"或者"还有什么需要我帮忙的吗？"

这样一来，人们就会知道你非常重视这个问题，你也能从他人的回答中了解事态的现状，以及你是否真的对问题的解决有所帮助。

如果你能做到仔细倾听、界定问题和推进议程，你就能不断提高把握人际触点的水平。有鉴于此，在每一次人际触点中，你所要做的就是"倾听—界定—推进"，"再倾听—再界定—再推进"，如此反复，直到得心应手为止。

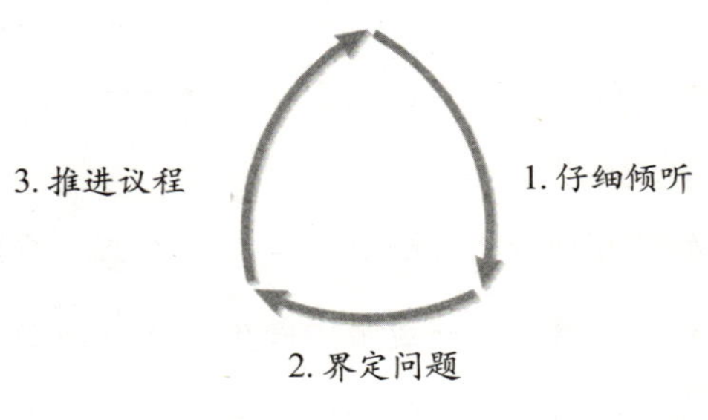

人际触点三要素

仔细倾听，再决定是否介入

第一个要素，即仔细倾听，这能帮助你认清事情的真正进展以及其他人需要自己做些什么，从而向大家表示你对这个问题的关注。

案例分享

把办公室当成中央火车站的校长

克雷格是犹他州某英才学校的校长，对于上述三个步骤，他可谓了如指掌。他的办公室就像纽约中央火车站一样，每天都有许多教师和学生从这里进进出出。每天，克雷格都要倾听他们的谈话，认清他们的期望，然后帮助他们进行选择或者做出决定。师生们在他办公室里停留的时间一般不超过10分钟，偶尔还会开点玩笑，但无论什么时候，他们从来都没有感到克雷格有丝毫的不耐烦，因为在这段时间里他总是全神贯注。如果克雷格一时抽不出空来，他也不会装出一副乐于助人的样子，而是选择实言相告。他会说："现在不行。我正忙着呢。"对于这一点，师生们大都了然于心，因为他们知道，只要有时间，克雷格就会认真倾听他们所说的每一句话。

即使是在极为简短的人际触点中，克雷格也会抓住上述三个要素。他一边倾听，一边帮助师生们找到问题所在。一旦他认为自己和他们就问题的关键达成了共识，他就会继续问道："你真正想要我做的是什么事情？你是想得到一些建议，还是只想把事情讲清楚，或者需要我来帮你做出决断？"如果人们在陈述问题时显得不够清楚，他就会让对方拿起一支记号笔，圈出最重要的部分，或者首先列出所有可能性，然后写下每一种可能性的优劣之处。他会根据与对方关系的

密切程度、信任程度以及对方的阅历处事水平做出回应，有时他也会在整个倾听过程中默不作声，直到对方找到问题所在。有时候，克雷格会立刻想就下一步要采取的措施做出决定，但如果问题不在于自己，他会尽量让对方掌握主动。在这一过程中，他会始终关注整个学校的利益，并且询问："对于学生们来说，最好的办法是什么？"

就像克雷格一样，你也会遇到不计其数的人际触点，从而不断提升人际交往水平。不妨试想一下，就个人而言，你每天会遇到多少次人际触点？对于这个问题，很多领导的回答都是几十次。那么我们就来假设，你每天会有 70 次左右的人际互动，比如在走廊里随意的寒暄和电话中的交谈、网络会议室中的热烈讨论，或者通过手机迅速收发短信等。也就是说，这些人际触点合计起来，每年大约有 25 000 次之多。

对于克雷格来说，他之所以能在简短的时间内完成诸多事情，其中的一个原因就是，他是一个积极的倾听者。他不仅置身其间、全神贯注，而且能准确地根据他人的情绪做出调整。如果你学会了认真倾听，你就能尽快与他人建立联系，了解事件的真相，找出问题的关键，判断责任的归属，并且决定为他人提供哪些帮助。

一开始，你可以迅速审视情况，从而判断你是否应该介入其间。如果答案是肯定的，下一步就应该考虑在什么时候介入，以及参与多长时间。不妨反问自己，问题的关键在哪里？他们需要从我这里得到什么样的帮助？责任究竟在谁身上——我，他们，还是大家？

有没有时间期限？这种情况涉及的是表面问题还是原则问题？你的时间要用来处理许多事情，因此你需要确保能把时间和精力用于最合适的时机和最有效的地方，从而为整个团队和整个组织的利益做出最大贡献。

如果你决定介入其间，一定要问问自己："这里到底发生了什么事情？"要始终对事情的真相保持好奇，并且不断寻求事实证据，如有关数据、具体约束和时间期限等。如果你无法获得客观的材料，不妨采用上文中我们提到的分级法，按照从 1 ～ 10 十个等级对事态的严重程度进行界定。

要认真倾听事情的关键所在。你所得到的信息是否相互矛盾？有些地方你是不是还没有弄清楚？如果是这样，就要直言相告。你还可以听听其他人的说法，看看自己能否通过他人的说法弄懂刚才的情况。无论要花多长时间，一定要确保彻底抓住了问题的关键。如果这件事情属于你的责任范围，你就要比其他任何人都更清楚具体情况。

最后，一定要实事求是地面对正在发生的事情，这才是最明智的做法。人们往往倾向于接受自己想听到的内容，或者那些符合预先假设的观点。因此，要想真正认清事情的状况，你就必须要全神贯注、不偏不倚。再也没有比搞错问题更徒劳无益的事情了。否则，在你为自己的迅速行动而自鸣得意时，事情却并未得到解决，结果还有损于你身为领导者的个人威信。

在倾听的过程中，要让自己随时观察对方的情绪变化和参与热情。他们所发出的信号是红色、黄色还是绿色？在双方交谈过程中，

You move toward mastery by listening intently, framing the issue, and advancing the agenda.

这一信号是否出现了变化？在人际触点中，如果对方发出的信号从绿色转变为黄色，那就说明你没有起到什么作用。反之，如果对方从耷拉着肩膀变成跃跃欲试，那就说明你的做法是正确的。

界定问题，发现表象下的实质

第二个要素，即界定问题，从而确保人际触点中的每一个人对于当前事态有着正确的理解。

下面提到的情况你听起来也许会感到十分熟悉。在某次会议上，人们你一言我一语地发表意见，但是始终没有一个核心议题。就在这时，有人站起来说："在我看来，我们现在需要讨论的是以下三个问题"，然后用简单的几句话把刚才人们的所有观点进行了概括。接着，他会补充说："我说的都对吗？"或者"我有没有漏掉什么？"

无论这个人的职务是什么，他正是通过仔细倾听抓住了人们所谈论的问题实质，从而出色地把握了人际触点的第一个要素。这时人们会感到非常欣慰，虽然在这次会议上众说纷纭，但是他们最终会有所收获。

就像上面所说的那样，在转向人际触点中的第二个要素前，你可以稍事停顿，对听到的一切做出简短的概括，并且保证你的总结准确无误。接下来，你要做的就是界定问题，并帮助他人认清问题的关键。如果你实现了这个目标，人们在解释这个问题时就能够做到简洁明了和令人信服。

案例分享

用两个词语就认清了问题关键

拉里是某世界500强企业的国际事务副总裁。在与消费观察部的负责人查克进行谈话时，他就是这样做的。最近，查克负责为一次分析会议设计情况汇报。“这次汇报听众很多，而且非常重要，”拉里解释说，“查克来到我的办公室问：‘我该从哪里开始讲呢？’我认为，他需要做的就是把重点放在两件事上：实话实说和充满希望。”

拉里给查克的建议是，他不仅要对公司的成绩表示肯定，也要对有待改进的地方直言不讳。他告诉查克：“他们想知道的就是‘你究竟有没有完成目标’，所以你就要拿出一个很好的理由，确保他们能继续留下来。你可以说：‘是的，的确存在一些问题。但是我们已经想好了解决方案。’”

拉里用两个简单的词语对问题的关键进行了准确界定，即“实话实说”和“充满希望”。现在查克已经成竹在胸，他知道接下来该怎么做了。那么，对于这件事情拉里需要继续跟进吗？“我不会直接找他刨根问底，”拉里说，“因为那样一来，问题好像就成了我的责任。但是如果我有机会遇见查克，我会问他上次的事情是否顺利。”

拉里只用了两个词语就帮助查克认清了问题的关键。所以，在界定问题时要尽可能地清楚，有时人们需要的是更加清晰的思维方式，比如刚才提到的查克；还有的时候人们需要更大的自信或者更多的热情。如果人们需要的是更清晰的思维方式，你可以大显身手，和他们一起钻进成堆的数据中进行研究。也许你的一番解释就能让人们明白，这个项目为什么如此抢手，或者为什么要密切关注某件事情的发展；又或者，人们需要了解公司的整体战略，才能懂得他们的工作为什么如此重要。

有时，你还可以使用其他方法说明问题，比如财务公式、销售矩阵或者工作流程表等。关键在于根据人们的需要提供帮助，以便让他们更加清楚地认识眼前的问题。

有时，人们往往会因为存在诸多选择而难以把精力集中在某个问题上。从一方面来看，这样做是对的；但从另一方面来看，那样做也不错；如果还存在第三种选择，他们也会提出来。在这种情况下，你要做的就是帮助他们理清这些选项的优劣。你不妨这样开始："听起来我们既可以……也可以……对吗？""你认为哪一种才是最佳选择呢？""很好，如果前者是最佳选择，也就是说接下来我们有三种可能：1、2或者3，对吗？""那么你更倾向于哪一种可能呢？""第二种？我同意。既然我们都更倾向于第二种可能，那么接下来该怎么做呢？"

如果人们需要的是更大的自信和更多的工作热情，不妨考虑一下他们最喜欢什么或者最擅长什么，把这种动力与该项目的意义联系起来，帮助他们意识到在处理这个问题上他们的才能是独一无二的。如果他们看起来神色疲倦，你可以和他们一起外出散步，或者告诉他们今天回家好好休息一下。如果他们因为要处理的事情太多而感到力不从心，你可以帮助他们对问题的关键进行界定，并且将其限于他们可以掌控的范围之中。如果他们总是慢条斯理，你就可以多讲一讲情况的严重性，同时强调他们需要采取紧急措施。无论遇到上述哪一种情况，你都必须情词恳切。要让人们明白他们的努力为什么如此重要，而且你对他们信心十足。

推进议程，行动与否视时定夺

第三个要素，即推进议程，也就是说决定下一步要采取的措施，以及由谁来负责实施。

要记住，当人们带着问题来到你这里时，他们的目的是想取得进展。如果你已经了解他们需要你做些什么，就要立刻采取行动。

无论是帮助他人进行选择，还是代替他们做出决定，一定要付诸行动。如果人们需要通过你与某人取得联系，那就马上拿起电话或者发一条短信。总而言之，一定要行动起来。

对于大多数人来说，最困难的地方在于，需要做出决断时总是顾虑重重，担心会做出错误的决定。如果出现这种情况，不妨提醒他们，此时此刻不采取任何行动才是最危险的做法。要让他们知道，没有人能每一次都做出正确的决定，我们所能做的就是在综合考虑所有已知信息后，尽可能做出最佳选择，然后继续向前推进。

多琳是某大型企业全球 IT 服务的主管，对这个问题她是这样看的："如果你能做到行动迅速，要在 10 次里做对 8 ~ 9 次，就已是一件很不容易的事情了。如果你做出了错误的决定，就要立即后退，

然后尽快设法补救。”如果你不再总是追求完美，你的行动就会变得更加高效。正如多琳所说：“我知道有时候自己会出错，但如果我真的错了，我知道我也会尽力挽回。”

即便如此，这里所说的“行动起来”并不等于让你在仓促之间做出草率的决定。如果你的做法会导致严重的后果，那么行动比不采取行动的风险更大。实际上，在涉及重大问题时，人们很难在某一次会议上就拍板定论。与此相反，在这个过程中往往需要经过一系列极其艰辛的人际触点，才能不断推进。

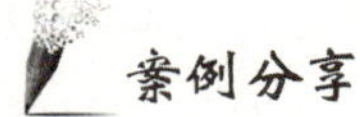

艰难的二选一

这正是某国际管理咨询公司专家萨米尔在终止与贾斯汀为期3个月的聘用合约时发生的情况。关于贾斯汀的表现，他们已经召开了一系列会议，这是最后一次，也是最艰难的一次，因为最近一次评估显示，贾斯汀的表现仍然不尽如人意。

萨米尔和贾斯汀一起坐了下来，说道：“我知道你认为公司应该为你负责，因为是他们把你推到这个职位上的，但事实是你没有做出任何成绩。公司的确犯了个错误。所以现在我们只有两种选择：要么你还回到原来擅长的岗位上；要么你也可以在公司以外找到一个更加合适的职位。”

虽然贾斯汀认为公司应该再给自己一次机会，但是近3个月的表现评估却让他失去了这个权利。

于是，萨米尔说："是的，是公司把你调到现在这个职位的，但是却没有取得任何效果。你需要就此做出决定，我能帮你做些什么？"

很多领导者都存在这样一个误区，他们总是想在一次人际互动中完成太多事情。实际上，你要做的恰恰相反。在有关重大事项的问题上，比如拆除金宝汤公司的铁丝围墙，往往需要几次甚至几十次人际触点，才能得到最终决定。

当今时代，他人的打扰无处不在，人际交往变得越来越简短也越来越频繁，如果你想在短时间内同时处理很多事情，你就有可能无法深入其中的某些问题。有鉴于此，一定要确保你有足够的时间用于团队和每一个团队成员，只有这样，在你们之间的人际触点中，你才能全面彻底地应对问题，并为将来可能出现的情况做好准备。

及时跟进，避免事情进展误入歧途

除了上述几点以外，你还应当及时跟进，以便了解自己的倾听、对于问题的界定以及议程的推进是否行之有效。举例来说，如果事情的进展顺利，那就说明你的做法是正确的；如果效果不佳，也许意味着你界定错了问题，或者人们已经认清了问题的所在，至于如何继续推进却不得其法。

如果你能继续跟进，你就会知道你的决定是否得以正确执行以及进展是否顺利。不幸的是，许多领导者总是因为公务繁忙而在每

You need to invest your energy and attention where you can be most helpful and where it serves the team or organization the most.

一次人际触点结束以后，就直接进入下一个议题，直到某些方面出了问题，他们才会想起那件事情。但是，你所要做的应该是早在问题出现之前就及时了解有关情况。

因此，在这次人际触点结束以后，你不妨就下一步应当采取哪些措施做一个记录，以提醒自己有意（当这个问题的责任在你时）或无意(当这个问题的责任在他人时)地继续跟进这一事项。要知道，这并不是你信不过他人，而恰恰是在告诉人们，你对这个问题非常重视。

如果问题的责任属于他人，你既可以利用及时跟进增强他们的信心，也可以借机表示赞赏。比如说，你可以在某个人的办公室里小坐片刻，或者给他送去一张便条，上面写着："很高兴你能够提出这个问题。这一信息会有助于我们正确安排明年各类事项的先后次序。"或"感谢你让我注意到了这一点。是你让我们走在问题前面，从而避免了将来发生令人不快的意外事件。"

衡量高效人际触点的4A准绳

把握人际触点并不只是到工厂里进行实地考察，或者指点某人改进情况汇报，而是需要进行切实有效的沟通，认真考虑到每一种可能，从而推进某项议题和不断改善人们的表现。在这个过程中，你要做到感觉敏锐（Alert）、思维开阔（Abundant）、感情真挚（Authentic）和方式灵活（Adaptable）。

感觉敏锐
思维开阔
感情真挚
方式灵活

3. 推进议程

1. 仔细倾听

2. 界定问题

高效人际触点的四个特点

案例分享

钢琴大师 4A 课堂

钢琴演奏家理查德·古德在他的“大师课堂”上完美地体现了以上四个特点。对于音乐，他有着无法抑制的热爱，这就是感情真挚。每一节课的开始，他都会让一名学生弹奏一首他熟悉的曲子，比如莫扎特的钢琴奏鸣曲。在学生弹奏的时候，古德会全神贯注地聆听每一个音符，这就是感觉敏锐。当这段演奏结束后，他会面带微笑地告诉学生，自己对于他的演奏技巧和对这首曲子的理解十分欣赏。

在讲完这名学生的优点以后，古德会解释说，对于某些乐段自己会采取完全不同的演奏方式，并且指出乐曲当中的紧张部分，然后告诉这名学生他会如何进行处理，这就是思维开阔。为了帮助学生彻底理解，他会先后进行讲解、敲击、哼唱和示范，然后要求学生再试一次，这就是方式灵活。古德一心一意地想帮助他们，所以每一位学生也都做出了回应。看着他们不断取得进步，古德非常欣慰。

试想一下，如果你在日常工作的每一次人际触点中都像古德那样，你将会取得多大的成就。接下来，我们就上述四个特点分别进行详细讲解，你不妨看一看在这些情况下，你会怎么做。

所谓感觉敏锐，是指培养对于具体情况的感知能力。理查德·古德不仅对学生的演奏技巧敏锐善察，而且敏锐地认识到，对于学生来说，在有人旁观的情况下接受指导，难度有多大。作为领导者，如果你能做到这一点，你就可以认清问题的真实情况。也就是说，当你专心致志倾听时，你就能分辨出某人谈话中不合逻辑的地方，并且搜集那些能真正体现事态发展的信息。

在研究生院就读时，道格拉斯曾经通过教别人打网球的方式培养敏锐感觉。“这是一件必须高度集中精力的事，”道格拉斯说，“闲暇时，我每天会对大约20个人进行一对一的专门指导。其中既有肌肉发达的壮汉，也有稚气未脱的孩子；既有精明强干的职业女性，也有年逾花甲的老人。在每一节课里，对于他们究竟想学到什么以及他们能够做到哪一步，我必须极为关注。只有这样，他们才会体验到其中的乐趣，并且心甘情愿地继续接受我的训练。”

想做到思维开阔，你就需要抛弃那些非此即彼的狭隘的思维方式。比如，你不应该说“我如果不能在这个季度实现目标，就只能从长期提高生产把战线拉长些”，而应该说“我会设法在完成目标的同时，从长远考虑问题”；再比如，你不应该说“我不可能同时做到态度坚定和充满温情”，而应该说“我会做到对事坚持原则，对人满腔热忱”。

你是否还记得我们在第2章里提到的加拿大皇家骑警队警长

沃德·克拉彭？他的领导理念就是“未雨绸缪，及时挽救”，在青少年触犯法律之前就事先予以制止。对他来说，最大的问题在于，大多数警官往往是在这些青少年出了问题以后才会和他们谈话，而这时已经很难与他们进行有效的沟通。

沃德想到一个办法，让警官们多找一些做好事的孩子，并为他们颁发“好人好事奖状”。一年以后，他手下的警官们一共发出40 000张这种奖状，这个数字是违法青少年的3倍之多。通过实施这一做法，以及其他一系列预防青少年犯罪的措施，该地区的青少年劳教率下降了近50%。也就意味着，有1 000多名有犯罪倾向的孩子得到了挽救。

所谓感情真挚就意味着领导不只是一份普通的工作，更是你钟情的一项事业。如果你喜欢进行领导，你就会花大量时间进行思考，以便让你的领导艺术日臻完善；随着领导水平不断提高，你将会更加热爱这一事业。如果你身边的人们看到你对领导工作充满了激情，他们就会自发地想参与其间。但是，在做到感情真挚的同时你还需要保持一定的威信，这就意味着你必须严格按照自己的行为准则待人处事，从而在每一次人际触点中做到合情合理、言行一致。

我们在第1章谈到过某创新团队的领导者丽莎，她注意到，“把领导工作仅仅当做一项任务与发自内心地热爱这项工作有着天壤之别。当我意识到我不需要按照别人预期的模式进行领导，而是可以做回自己时，我突然感到如释重负。”从此以后，对于领导工作，丽莎变得越来越得心应手，因为她不仅乐于让人们看到她精明强干的一面，也毫不掩饰她脆弱的另一面。“为此我做出了很多牺牲，但开

It takes mental discipline to allow yourself to hear and understand what is really going on.

诚布公让我赢得了更多人的信任。我能向他们展示一个真实的自己，人们感到异常欣慰。有位下属对我说：‘现在我知道你真正的意图是什么了。’”

还有我们在第1章里提到的刚刚晋升为副总裁的南希，她找到了自己的行为准则以后，开始变得更加勇敢自信了。“如果你认为某件事情是对的，就要坚持你的立场。”在从前，如果受到了挫折，即使明知道自己的方案是最佳选择，南希也会顺其自然。“但是现在，我会坚守自己的立场。如果当时遭遇的压力过大，我不会硬打硬撞，而是搁置一段时间，然后采取不同的方式再次回到这个问题上。但我一定会坚持不懈。”

要做到方式灵活，其秘诀在于广泛培养各项技能。这样一来，无论发生了什么事情，你都能迅速适应，并且及时进行调整。在当时的情况下，你是应该发出明确的指令（按照我说的去做！），还是应该进行引导（你是怎么看的？），或者设法鼓舞人心（我们将会改变整个世界！）？你是需要让人们认识到事态的紧急性，还是需要变得有耐心？你是需要强力推进，还是需要敞开心扉？你是需要主动出击、掌控局势，还是需要后退一步、留待他人负起责任？无论你需要做什么，关键在于一定要驾轻就熟、得心应手。

利塔是医疗鉴定方面的专家，她通过一则故事向我们解释什么是方式灵活。在利塔的工作过程中，她经常需要在没有正式职权的情况下发表看法。

她还记得一次极为敏感的人际触点，她需要与在座的八位医务主任进行交流，而这些人都有自己的一套标准。在会议开始之前，其中几位主任曾经给利塔打过电话，就谁有最终决定权提出了疑问。

“一开始，会议的气氛相当紧张，”利塔回忆道，“为了让会议圆满成功，我不得不使出浑身解数。”她不仅发挥了她的幽默感，还清清楚楚地陈述了事实，而且把这些医务主任当做专家来对待。最后，利塔提出的问题恰到好处，她的观点也得到了众人认可。

会议进行得十分顺利，最终取得了丰硕的成果。当这些医务主任起身离席时，显然他们都感到欢欣鼓舞。显然，让这些背景各异的人们达成共识相当困难，而利塔却表现得如此出色，有个医务主任甚至开玩笑说，她可以考虑将来去当外交官了。

将反思写在你的领导日志上

“如果事情没有按照预期发展，你反而能比凡事一帆风顺时学到更多东西，”拉里告诉我说，“每当我们发现有些事情出了问题，我要说的第一句话就是：‘我们能从中得到哪些教训？’一流的企业一定会从中吸取教训，从而确保不会重蹈覆辙。”

在人际触点中，如果你以某种积极的方式触动了某人，你一定能感觉得到。因为他们的思路会变得更加清晰，他们会变得更自信，工作热情更高涨。也许你还会发现，在今后的人际触点中，他们的表现更出色，从而照亮整个组织中的更多“神经突触”。

反之，如果你没有把握好某次人际触点，你也一定深有感触。事情可能微不足道，却足以让你始终耿耿于怀。

也许在某一次电话会议刚开始时，人们正愉快地互致问候，

As you listen, be sure also to tune into the other people's energy and their level of commitment.

你却突然打断了他们。当你做出这一举动时，你立刻就明白自己选错了时机。如果当时多等一两分钟，也许就可以自然而然地过渡到你要说的问题。

不过，有时你犯的错会严重得多。数年前，道格拉斯决定解雇一名核心团队成员时，就发生了这样的事情。有人建议不要把这个决定预先通知这名成员，他们的理由很充分，于是道格拉斯照办了。事后，他才觉得自己让这个人遭受了意外打击，没有对他表现出适当的同情和尊重。“我感到非常痛苦，”他说，“事后我才觉得，我应该先和他进行沟通，然后再提及我的最终决定。如果我考虑得更周到一些，这个过程就会更加透明公开。”

虽然做过的事情无法挽回，但道格拉斯可以从中吸取教训，以便在下一次做得更好。在需要应对困难局面时，道格拉斯仍然会听取他人的意见，但最终的决定还是取决于自己的判断。

如果你真的搞砸了——当然，这种情况不可避免，那么你要做的就是当场改正，毫不拖延。不知道你是否还记得我们在第5章里提到的埃德和卡罗尔的故事？因为卡罗尔在制定公司的发展计划时进度缓慢，埃德一时丧失了耐心而大发雷霆，但他立刻为此道歉，并且告诉卡罗尔今后会注意这一点。有意思的是，在经历过此类突发事件以后，人们之间的关系反而会变得更加牢固，就像埃德和卡罗尔一样。如果人们看到你正在竭尽全力予以改正，他们就会原谅你犯下的错误。

如果你想不断提升你的领导水平，不妨在每天的固定时段对自己在每一次人际触点中的表现进行“赛后分析”。你可以回顾一下刚刚经历过的那些人际互动，然后问自己：哪些我做对了？哪些我做错了？我怎样才能够做得更好？

对于这一点，金宝汤公司高管学院的学员每个人都有自己的方式。比如，有人会在每天下班前为自己留出一点时间，对这一天发生的事情进行反思；也有人会在下班回家的路上关掉手机，然后把刚刚过去的一切在脑海中重演一遍；还有人会在晚上出来遛狗的时候回顾一天当中所有的人际触点。

这些做法会让你的领导艺术日臻完善，你会在越来越多的时候说“我做对了”，而在越来越少的时候说“我搞砸了”。如果你能做到这些，那么你不仅能逐渐积累经验，更能从中不断吸取教训。

在某一次人际触点中，如果你的表现欠佳，不妨问问自己原因何在。是因为你设计的领导模式没有按照预期奏效，还是因为他人的某一句话让你感到不快，或者是因为你的沟通技巧不够娴熟？

一定要记住，如果你没有把握好人际触点，最有效的做法就是承认自己的错误，保证会做出改变，并且做到言行一致。你可以说：“很抱歉，这是我的错，我会弥补的。”然后行动起来！

当你就自己好的方面和有待改进的方面进行反思以后，最好能将这些看法记在领导日志上。这样一来，你就可以定期回顾你需要吸取哪些教训，并且检查其中是否存在某种固定模式。不可否认，很多领导者在职业生涯中都会在某个相同的问题上绊倒，要打破这种模式，往往需要付出加倍的努力。如果你能将其记录下来，你就能迫使自己采取行动加以改正。

The key is to provide whatever people need to help them see things more clearly.

正如上文所述，勤于探索、敏于反思、善于实践会使你成为一位更加杰出的领导者。但是，要知道学无止境。如果你把握人际触点的技巧日趋完善，下一个挑战就是如何做到言行一致；等你做到了这一点，那么你接下来的目标就是发掘身边的领导人才，让他们更加高效。

第6章精彩回放

像呵护园艺般呵护你的领导艺术

真知灼见和深谋远虑只不过是一种愿景，而作为领导者，你的职责就是将这些愿景化为现实。那么，怎样才能把这些抽象的理念应用到现实生活中呢？怎样才能给这些了无生气的观点注入活力？答案是，你要一次一次地在人际触点中实践。

就如第2章里的艾琳所说的那样，你不能坐在直升机里，高高在上地冲着人们呼喊："嗨，给我朝着那个目标攻击！"从她的经验来看，"领导艺术就如同园艺一般。你不仅需要悉心呵护、按时灌溉、定期施肥，日复一日、坚持不懈；还要经常修修剪剪、拔除杂草。如果你对你的花园不管不顾，它就会变得一片荒芜。"也就是说，你既要态度坚定，又要充满温情，只有这样，你身边的人们才能不断取得进步，并且有更好的表现。

从周一到周五，你的工作日程都排得满满当当：各种临时会议、雪花般飞来的电子邮件、一条接一条的短信、没完没了的视频会议和突如其来的重大事件。如果你能在每一次人际触点中都有所进步，你就能让人们集思广益、团结一心。你倾听不同意见，然后寻找解决方案；你及时切入要点，迅速处理问题，从而赢得众人的爱戴；你始终满腔热情地激励他人，直到每一个人都不再因循守旧，公司面貌焕然一新。

激励他人同样重要

每一天，你都希望能对他人有所帮助。身为一家市值逾数十亿的组织的副总裁，安德鲁这样看待这一挑战："我更倾向于从较为擅长的方面对他人进行帮助，比如进行抽象思考或者解决某个问题。对我来说，最困难的事情就是成为一名鼓舞人心的领导者。但是，人们往往需要你两者兼备。在日常工作中，你随时都需要激发员工的自信，并且创造一种乐观向上的氛围。你希望他们会在心里想：我愿意和这个人同舟共济。"

为了时刻提醒自己激励他人的重要性，安德鲁把一些关键句子写在了办公室白板上最突出的位置："我要勤加练习——我理解他们的想法——今天我能帮上什么忙？——怎样才算有所收获？"通过这种方法，安德鲁取得了显著的效果。他说："这种方法不仅给我的工作带来很大帮助，还使我成了一个更加称职的父亲。"

在那些描绘领导艺术的文学作品中，人们经常会谈到，只有重大时刻才能铸就一个人的坚毅性格。但是，能够塑造你良好声誉的，正是日常生活中不计其数、普普通通的每时每刻。要想把握好它们，就要从一个简单的问题开始："我能帮上什么忙吗？"

踏上触点之旅

领导是一门艰难的艺术。你面临的压力越大，陷入的局面越错综复杂，你遇到的请求将永无止境。即使夜以继日、宵衣旰食，你也无法保证面面俱到，这是我们无法避免的现实。

要提升领导能力虽然十分困难，但我们相信，你仍然能乐观地面对每一天，把精力集中在可以掌控的事情上。当你头脑冷静、内心清醒的时候，你就能全身心地关注那些对你的事业至关重要的原

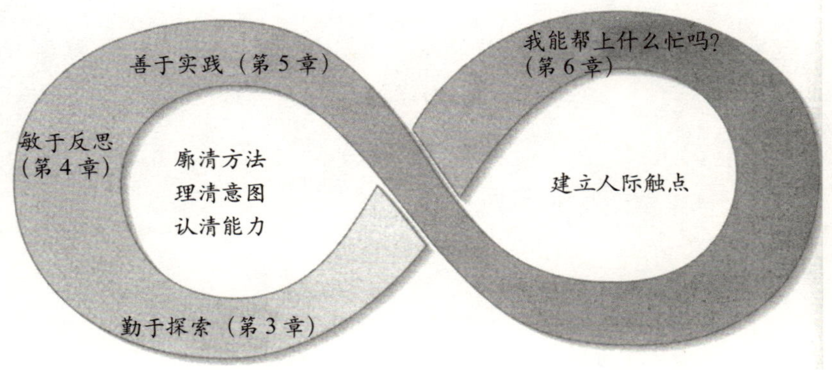

人际触点的要诀

则性问题。认清自己的能力以后，你就能通过自己的方式激励他人产生更大的热情和信心。

你可以从现在做起。人际触点的妙处在于，它既是一项切实的任务，又是一个远大的目标，因为你面临的每一个时刻都是掌握这一技巧的良机，但是要真正通晓这门艺术却非一朝一夕之功。因为掌握这门艺术是一个不断探索的过程，而不是最终目的。可以肯定的是，随着你的头脑更加清醒、能力更加出众，在危急关头你会感到自己变得越来越游刃有余。

如果你能把精力和注意力集中在你可以控制的事情上，那么你就会成为众望所归的领袖人物，人们也会希望你带领大家完成目标、提高标准、超常发挥。你的声望会与日俱增，还会肩负更大的责任。这就要求你进行更加深入的探索、反思和锻炼，从而不断提高自己在这个“打扰时代”作为一名英明领导者的能力。

我们希望你能怀着现实而乐观的心态踏上这次艰难的旅程。人际触点远在天边，近在眼前。请你一定要善加利用。

以下是金宝汤公司决策组织人员的必读书目。关于道格拉斯最喜欢的书籍，可以参见 www.ConantLeadership.com 网站；梅特最喜欢的书籍，可以参见 www.MetteNorgaard.com 网站。

吉姆·柯林斯，《第五级领导者》（*Level 5 Leadership*）

杰夫·科尔文，《哪来的天才？》（*Talent Is Overrated*）

史蒂芬·柯维，《高效能人士的七个习惯》（*The 7 Habits of Highly Effective People*）

比尔·乔治，《真北》（*True North*）

马歇尔·古德史密斯，《管理中的魔鬼细节》（*What Got You Here Won't Get You There*）

乔恩·卡曾巴赫，《顶尖团队》（*Teams at the Top*）

吉姆·罗尔，《全神贯注的力量》（*The Power of Full Engagement*）

丹·罗姆，《餐巾纸的背面》（*The Back of the Napkin*）

梅格·惠特利和麦隆·凯尔纳-罗杰斯，《一个更简单的办法》（*A Simpler Way*）

这本书最终能够面世，我们必须对乔西巴斯出版社朋友们的帮助致以衷心的谢意。我们尤其要对苏珊·威廉姆斯和拜伦·施耐德表示感谢，在他们的指导下，我们完成了这一项目，并且获准列入沃伦·本尼斯领导艺术系列丛书。我们还要感谢詹尼斯·陈对本书最后一稿的悉心斧正。此外，感谢约翰·胡佛帮助我们找到了我们观点的“精髓”，感谢比尔·乔治帮助我们与乔西巴斯出版社取得了联系。

在此，我们要对金宝汤公司决策组织的全体成员致以特别的谢意。在过去五年里，是他们帮助我们塑造了自己的观点。作为团队的领导，他们孜孜不倦的精神让我们深受启迪，并感到相形见绌。我们尤其感激南希·里尔顿、玛丽·莱蒙妮丝、伊丽莎白·沃克尔和弗兰·布鲁诺，因为他们让我们得以充分地认识到该决策组织的潜在能力。我们还要感谢富兰克林柯维公司的朋友们，多年前在犹他州的圣丹斯他们就让我们意识到领导艺术的重要性。对史蒂芬·R.柯维、史蒂芬·M.R.柯维、格雷格·林克、克雷格·佩斯以及我们新近结识的好友布莱恩·李一直以来的支持，我们也不胜感激。

从个人角度而言，梅特还要对她的客户，尤其是那些在本书中不吝与大家分享故事和观点的领导们表示感谢。正是他们的责任心、远大抱负和不畏艰难的精神让梅特不断探索新的更好的领导方式。此外，她还要对那些为本书每一份草稿给予认真反馈的同事以及给予她宝贵建议和不懈支持的朋友们致以谢意，其中包括：埃尔斯·莱斯特、劳利·朱利安、克雷格·佩斯、利塔·彼得森、多斯·诺加德、安妮特·斯汀伯格·威廉姆斯和欧里-佩加·海纳恩。

对她的好友兼杰出的写作指导弗莱明·弗莱霍姆，梅特表示深深的感激。他的指点、睿智和鼓励是无法用金钱衡量的。最为重要的是，梅特要感谢她的丈夫阿尔弗雷德·桑切斯·戈麦斯，是他在妻子从事写作的这些年里予以不懈的支持，并且通过一次又一次的谈话帮助她理清观点、加强文章逻辑。他不仅校阅了每一份草稿，检查了每一处标点符号，而且还亲自为她下厨烧饭。阿尔弗雷德不仅是她生意上的伙伴，也是她学习和人生的真正伴侣。

道格拉斯首先要对他的妻子、人生伴侣以及挚友蕾莉表示感谢。对于作为一位丈夫、父亲、朋友、同事和领导的道格拉斯来说，她永恒不变的关爱、忠告和支持是最为珍贵的。此外，道格拉斯的孩子本、泰勒和莎拉是令他引以为傲的源源不断的灵感源泉。他的父母罗杰和埃尔斯，为他的成长和发展创造了一个无比坚实的平台，而这一平台也随着他直系和旁系亲属的不断增加而继续扩大。他尤其要对好友布鲁斯·利普斯汀和吉姆·米德的长期支持表示感激。

在过去三十五年间，有不计其数的企业领导对道格拉斯的思想观点和个人成长产生了巨大的影响，其中最突出的有3个：吉姆·基尔茨、H.约翰·格利尼奥斯和哈维·戈卢布。在此，道格拉斯要对他们坚定不移的做法、对事业杰出的追求以及对他不遗余力的支持表示衷心的谢意。此外，他还要感谢金宝汤公司的全体朋友和同事们，是他们在工厂里、市场上和社会中体现出来的热情和对卓越的真诚追求让他深受启迪。在道格拉斯看来，他们正齐心协力地致力于打造世界上最优秀的食品公司。最后，他还要对新近结识的好友和导师尼尔·麦肯纳表示深深的谢意，是麦肯纳帮助他认清了自己的最终意向，并且发现了“我能帮什么忙吗？”这句话的真正意义。

总之，在本书的创作过程当中，我们共同进行了积极的合作。虽然我们对于领导艺术和人类现状研究都产生了浓厚的兴趣，并且在价值观和处世原则上也相差无几，但是我们的工作经历却截然不同。梅特是在丹麦的乡村出生和长大的，就职以后的大部分时间里，她一直是一个广受欢迎的领导、咨询师和管理教练，并作为一个“圈外人士”帮助许多组织将潜能发挥到极致。道格拉斯是在芝加哥郊区出生和长大的，他的职业生涯就是作为一个“圈内人士”帮助许多组织充分发挥潜力。我们相信，正是这些不同让本书的视角变得更加独特和全面。对于这些不同之处，我们不仅感到颇有意趣，而且乐于相互取长补短，因此我们希望你也能够做到这一点。

“领导者的领导”：道格拉斯·柯南特

作为一名始终奋战在管理一线的领导大师，道格拉斯·柯南特为当下的管理者带来了一条极富改革精神的关键信息：任何人在任何地方，都能够扩展自己的影响力，实现更好的管理效果。

让金宝汤公司起死回生的神奇CEO

柯南特2001年就任全球最大的汤品制造和行销商金宝汤公司（Campbell Soup Company）的总裁兼CEO，并且被选为公司的负责人，成为这家具有140多年历史知名企业的第11任领导人。

在柯南特的领导下，金宝汤公司迅速起死回生，市场价值和员工敬业度得到了大幅提高。随后该公司斥巨资提高产品质量和包装水平，增加营销策略的有效性，并且建立起一套稳健的创新制度。此外，金宝汤公司还极大地改善了自身的财务状况，拓展了与客户之间的关系，通过投资不断提升员工的敬业度。

在过去6年里，金宝汤公司逐渐跻身于全球食品行业的最前列，并且在世界范围内吸引了大量业界顶尖人才。其巨大成就已经得到了广泛认可，并且获得了诸多荣誉，其中包括2009年《商业周刊》（*Business Week*）报道之“全球第100大品牌”、帮助女性发展和提高职业地位的“2010年度促进奖”。

食品界“三巨头”的资深管理者

在来到金宝汤公司之前，柯南特因善于起死回生而在食品业界声名鹊起。他在通用磨坊、卡夫公司和纳贝斯克公司等世界三大知名食品企业积累了长达25年之久的从业经验。1976年，他在通用磨坊开始了自己的营销生涯，10年后转而在卡夫担任营销策略高级管理人员。随后，他就职于市值35亿美元的纳贝斯克公司。作为纳贝斯克食品公司的前任总经理，他带领该企业从碌碌无为发展到连续5年销售额、净收益以及市场占有率稳步增长。

慈善家 & 社会活动家

此外，柯南特还是企业慈善促进委员会的新任主席和纽波特网球名人堂博物馆的理事。他还曾经担任美国经济评议会（Conference Board）的前任主席和理事，是杂货制造商协会以及旨在大学生中塑造全球未来经理人的国际大学生企业家联盟“赛扶”的前任主席和积极分子。同时，柯南特还是妇女就业促进组织Catalyst的董事会成员。

如果你有意邀请柯南特前往贵公司就“人际触点”有关事宜进行指导，请登录 www.ConantLeadership.com 获取详细信息。

金宝汤公司创立于 1869 年，是当今美国首屈一指的罐头汤生产商，也是《财富》500 强企业中少见的食品饮料业代表。公司总部位于新泽西州的甘顿，生产罐头蔬菜、调味品和浓缩罐头汤等，产品畅销全球 120 个国家及地区，广受消费者的认可和赞誉，被评为“消费者最喜爱、最放心的调味品品牌”之一。美国第 40 任总统罗纳德·里根在担任艺人时，就曾当过金宝汤公司旗下品牌“V8 蔬菜汁”的代言人。金宝汤旗下的著名品牌“史云生（Swanson）”已进入中国市场。

“领导者的教师”：梅特·诺加德

梅特·诺加德，工商管理硕士、博士。作为一名战略领导学和策略研究专家，她致力于协助企业高管设计和打造组织管理方案，从而提升企业的整体战略水平。她还策划并参与了同“管理界思想领袖”的高层对话项目，其交流对象包括史蒂芬·柯维、吉姆·柯林斯、乔恩·卡曾巴赫、罗布·戈菲［伦敦商学院组织行为学教授，企业管理论著《公司精神》(*The Character of a Corporation*) 作者。——译者注］、玛格丽特·惠特利以及拉姆·查兰等。

世界顶尖的企业管理咨询顾问

多年以来，诺加德经常往来于世界各地，为政府机构和世界500强企业提供管理咨询顾问服务，她的客户包括宝洁公司、强生公司、通用金融、雅诗兰黛、哈雷机车、硬石咖啡、美国海军和加拿大皇家骑警等，此外她还长期与微软、麦德龙（德国最大、欧洲第二、世界第三的零售批发超市集团。——译者注）、金宝汤、潘朵拉唱片公司和芬兰广播公司合作，协助其研究和打造组织管理方案。在开创自己的事业之前，诺加德曾在培训和管理咨询业的世界顶尖企业富兰克林柯维公司担任顾问达 10 年之久，同时担任《柯维领导艺术周刊》的主要负责人。

世界500强企业领导者教练

结合多年的管理实践经验，诺加德创建了一套行之有效的课程，能够针对企业团队和领导者个人的实际情况进行专门性指导，帮助他们挖掘领导潜力、提升员工敬业度和创新精神，以及增加管理层的活力。新任经理应该如何过渡？怎样让企业文化更加成熟？如何顺利合并两支管理队伍？对于这些或常见或棘手的问题，诺加德均颇有心得，并在指导世界 500 强企业的过程中成效显著。

对于管理团队来说，解决办法包括：每季度举行一次磋商会议，让管理人员反思自己在过去 3 个月中的行为，以便在下个季度有所改善；举行场外研讨会，每次只探讨一个主题（比如“头脑”“心灵”和“双手”）；体验某种独特的领导经历，比如带领整个管理团队远赴泰国、南非研究自然效率，或者来到纽约感受不同文化与观念之间的剧烈碰撞。

对于个人领导来说，诺加德是塑造领袖风范的最好陪练。她会把整个纽约市当做实验室，为他们开展一对一的专门指导。

如果你有意提高自己的领导能力和整个组织的战略水平，请登录 www.MetteNorgaard.com 网站获取详细信息。

中资海派出品

为精英阅读而努力

无法回避的大国冲突
及对地理宿命的抗争

〔美〕罗伯特·D.卡普兰　著
涵　朴　译

中资海派出品
定　价：49.80元

卡普兰作为一个伟大的地理学者和地缘政治研究者，在本书中以地理为主线，通过地图导出地缘政治，并将地理作为手术刀，结合其毕生的观察、发现和相关理论来剖析国际关系和全球化中无法解释的冲突。同时，他以地理的逻辑解释历史现象，解析当前世界地缘政治热点，预测未来全球事件的演化。

通过对气候、地势和地理位置的考察，卡普兰回顾和分析了欧洲、俄罗斯、中国、印度、土耳其、伊朗和中东等地的历史热点和潜在危机，并全面地预测了欧亚大陆的下一个冲突周期。

本书告诉读者地理对于塑造历史有多么重要，并进一步指出那些永恒的真相和地理的事实是如何能够帮助人们避免本世纪即将发生的灾难。

荣登亚马逊网站人文地理类图书排名第 1 位
社会历史类图书排名第 1 位
国际世界政治类图书排名第 2 位

地理，将怎样决定地图上的大国地缘斗争？

详解世界地缘政治历史脉络
预测未来全球演变的开创性巨著

中资海派出品

为精英阅读而努力

投资大师费雪为你揭开 300 年投资史赚钱秘密

〔美〕肯·费雪
劳拉·霍夫曼斯 著
刘寅龙 译

中资海派出品
定 价：68.00元

看似独立的个例之间到底暗藏着怎样的玄机？隐藏在股市起伏与经济荣衰中的密码，究竟以何种方式发挥作用？

全球知名投资大师肯·费雪漫步 300 年投资史，将松散而随机的历史事件进行整合，对政治、经济等因素一一分解，加以行为金融学的群体心理分析，得出了惊人的结论。对于每次的经济涨跌周期、熊市和牛市中的关键节点，也渐渐得出一个清晰的趋势图景。被短视、记忆和悲观情绪蒙蔽的我们，怎样才能让历史成为强大的工具并帮助我们在投资中获利？

费雪在“2011 年《福布斯》全球亿万富翁排行榜”上排名 736 位，2010 年费雪被评为“近 30 年最具影响力人士之一”。

亚马逊金融投资类畅销书榜
《纽约时报》《金融时报》《华尔街日报》
《福布斯》《华盛顿邮报》等媒体推荐

全球首屈一指的投资专家成长股价值投资领路人

巴菲特师弟教你以史为镜
炼就发现牛市的火眼金睛

短信查询正版图书及中奖办法

A．电话查询
　　1．揭开防伪标签获取密码，用手机或座机拨打 4006708315；
　　2．听到语音提示后，输入标识物上的 18 位密码；
　　3．语言提示：您所购买的产品是深圳市中资海派文化传播有限公司出品的正版图书。

B．手机短信查询方法（移动收费 0.2 元 / 次，联通收费 0.3 元 / 次）
　　1．揭开防伪标签，露出标签下 18 位密码，输入标识物上的 18 位密码，确认发送；
　　2．发送至 13825050315，得到版权信息。

C．互联网查询方法
　　1．揭开防伪标签，露出标签下 18 位密码；
　　2．登录 www.801315.com；
　　3．进入“查询服务”“防伪标查询”；
　　4．输入 18 位密码，得到版权信息。

中奖者请将 18 位密码以及中奖人姓名、身份证号码、电话、收件人地址和邮编 E-mail 至 szmiss@126.com，或传真至 0755-25970309。

一等奖：168.00 元人民币（现金）；
二等奖：图书一册；
三等奖：本公司图书 6 折优惠邮购资格。
再次谢谢您惠顾本公司产品。本活动解释权归本公司所有。

读者服务信箱

感谢的话

谢谢您购买本书！顺便提醒您如何使用 ihappy 书系：

- 全书先看一遍，对全书的内容留下概念 。
- 再看第二遍，用寻宝的方式，选择您关心的章节仔细地阅读，将“法宝”谨记于心。
- 将书中的方法与您现有的工作、生活作比较，再融合您的经验，理出您最适用的方法。
- 新方法的导入使用要有决心，事先做好计划及准备。
- 经常查阅本书，并与您的生活、工作相结合，自然有机会成为一个“成功者”。

<table>
<tr><td rowspan="8">优惠订购</td><td>订阅人</td><td></td><td>部门</td><td></td><td>单位名称</td><td></td></tr>
<tr><td>地址</td><td colspan="5"></td></tr>
<tr><td>电话</td><td colspan="3"></td><td>传真</td><td></td></tr>
<tr><td>电子邮箱</td><td></td><td>公司网址</td><td></td><td>邮编</td><td></td></tr>
<tr><td>订购书目</td><td colspan="5"></td></tr>
<tr><td rowspan="2">付款方式</td><td>邮局汇款</td><td colspan="4">中资海派商务管理（深圳）有限公司
中国深圳银湖路中国脑库 A 栋四楼　　邮编：518029</td></tr>
<tr><td>银行电汇或转账</td><td colspan="4">户　名：中资海派商务管理(深圳)有限公司
开户行：招行深圳科苑支行
账　号：81 5781 4257 1000 1
交行太平洋卡户名：桂林　　卡号：6014 2836 3110 4770 8</td></tr>
<tr><td>附注</td><td colspan="5">1. 请将订阅单连同汇款单影印件传真或邮寄，以凭办理。
2. 订阅单请用正楷填写清楚，以便以最快方式送达。
3. 咨询热线：0755−25970306转158、168　传　真：0755−25970309
E-mail: szmiss@126.com</td></tr>
</table>

→利用本订购单订购一律享受 9 折特价优惠。
→团购 30 本以上 8．5折优惠。